我国民营企业融资问题研究

刘小刚 ◎ 著

北京理工大学出版社
BEIJING INSTITUTE OF TECHNOLOGY PRESS

内 容 提 要

本书以民营企业的融资行为为研究对象，从金融体制和民营企业行为两个角度，分析和研究民营企业的融资行为特征与进一步改善民营企业融资环境和融资行为的思路。书中对民营企业融资的过程、实质、行为特征以及民营企业融资行为发展规律进行了揭示，提出了适应公有制为主体、多种所有制经济形式共同发展的金融体制改革的方向和目标，对改善民营企业融资环境和融资行为具有一定的理论价值和现实意义。

图书在版编目（CIP）数据

我国民营企业融资问题研究 / 刘小刚著. —北京：北京理工大学出版社，2017. 5

ISBN 978-7-5682-4059-8

Ⅰ. ①我…　Ⅱ. ①刘…　Ⅲ. ①民营企业－企业融资－研究－中国　Ⅳ. ①F279. 245

中国版本图书馆CIP数据核字(2017)第112694号

出版发行 / 北京理工大学出版社有限责任公司
社　　址 / 北京市海淀区中关村南大街 5 号
邮　　编 / 100081
电　　话 / (010) 68914775（总编室）
　　　　　(010) 82562903（教材售后服务热线）
　　　　　(010) 68948351（其他图书服务热线）
网　　址 / http://www.bitpress.com.cn
经　　销 / 全国各地新华书店
印　　刷 / 北京紫瑞利印刷有限公司
开　　本 / 710 毫米 ×1000 毫米　1/16
印　　张 / 12
字　　数 / 215 千字
版　　次 / 2017 年 5 月第 1 版　2017 年 5 月第 1 次印刷
定　　价 / 68.00 元

责任编辑 / 王晓莉
文案编辑 / 王晓莉
责任校对 / 周瑞红
责任印制 / 边心超

前　言 Preface

我国民营经济（企业）迅速发展和壮大的同时，绝大多数民营企业，尤其是中小民营企业陷入融资困境已成为不争的事实，并且这一状况延续至今。一方面，政府相关部门在不断加大对民营经济（企业）的扶持力度，例如，继深交所推出中小板之后，2009年又推出了创业板，与此同时，政府也通过让利于担保公司、建立乡镇银行等多种方式试图帮助民营企业拓宽融资渠道；另一方面，民营企业依旧不能摆脱融资困境，融资难的声音不绝于耳。矛盾的焦点究竟在哪里？如何协调这一矛盾？围绕上述问题，众多理论研究者与实践领域的操作者对民营企业融资问题展开了一轮又一轮的讨论、研究。

本书在写作过程中，主要采用了唯物辩证法和统计实证的方法进行分析研究，使规范分析和实证分析相结合、历史分析与逻辑归纳相结合。本书以分析民营企业融资的一般过程、融资渠道与障碍为起点，在理论研究民营企业的融资结构及其影响的基础上，进一步剖析和揭示了我国民营企业间接融资和直接融资的现状、特点、存在的问题、困难以及相关的原因，同时有针对性地提出解决问题的对策思路。书中提出了一系列有创见的观点，如民营企业融资中的障碍是体制性障碍和相关市场主体的障碍，直接融资中的障碍是在政府隐性担保契约下，软预算约束的国有企业在证券市场上排挤了硬预算约束的民营企业；民营企业选择不同的融资结构，目的在于获得最佳的委托代理成本和控制权的平衡，从而完善公司治理结构，融资并不是最终的目的；股票是一种重要的融资工具，但并不完全给企业带来效率；债权融资是一个高质量的积极的市场信号，显示着企业强大的市场竞争力；民营企业最优的融资顺序安排应该是：内部集资一发行债券一发行股票一银行贷款；我国民营企业融资结构不合理，首要的原因是体制性的限制等。

本书提出了一系列改善民营企业融资环境和融资行为的对策思路和良好建议，如书中提出要创造条件，优化民营企业融资结构，主要做到：①加快银行改革步伐，建立和完善为民营企业服务的金融组织体系；②利用资本市场，扩大民营企业融资比重；③建立民营企业的信用担保体系与监控体系，为民营企业融资提供保障；④提高民营企业自律素质，增强融资信誉度。本书还提出要推进金融体制改革，完善民营企业间接融资体系：首先，国有商业银行要转变观念，重视对民营企业的信贷支持；其次，大力发展国有商业银行以外的多种形式、多种成分的地方性、行业性和混合型中小金融机构，包括股份制银行、外资银行、城市商业银行和农村合作金融机构，特别要建立一大批直接服务于或以民营企业为服务重点的中小商业银行。另外，健全民营企业间接融资中介服务体系，改善间接融资的外部环境；优化间接融资行为，提高间接融资的效率；民营企业要进一步完善法人治理结构，通过制度创新赢得金融机构的信任；在完善民营企业产权制度的基础上“开绿灯”；推进利率市场化，为民营企业债券融资创造更多的空间；加快发展企业债券交易市场，促进企业债券市场的整体协调；规范企业债券监督管理，消除对民营企业的歧视；规范中介机构，强化社会对民营企业的监督；推进制度创新，为民营企业上市股票融资创造条件等。

由于笔者水平有限，书中不足之处在所难免，敬请读者批评指正。

重庆工商大学派斯学院　刘小刚

目　录 Contents

第一章 现代企业融资的国际比较

从发达国家的情况来看，目前企业的融资主要可以分为两大模式：一种是以日本、韩国等东亚国家以及德国为代表的以银行贷款融资为主导的模式，银行贷款融资占企业外部融资的80%以上；另一种是以英美为代表的以证券融资为主导的模式，证券融资占企业外部融资的55%以上。

第一节 银行主导型融资模式

银行主导型融资是指以银行为中介的间接融资作为企业外部资本主要来源的一种融资方式，即所谓的关系型融资。在这种融资方式中，银行是非金融企业外部资金的主要提供者，并且扮演着对公司进行外部监控的角色，企业和银行之间具有密切的关系，银行在很大程度上具有证券市场的一系列功能，这与日、德欠发达的证券市场有一定的关系。

主办银行与企业之间形成必要的产权联系，使得银行和企业之间在经济利益上有更多的一致性，由此形成的管理权也是单向的，主办银行对企业不具有具体的经营决策，而只是监督和提供内部信息。

一、主银行制的融资模式：日本

20世纪70年代中期以前，即日本的经济高速增长时期，日本企业是以银行融资为中心的。在1957—1974年，日本企业的资本结构中，内部融资所占的比重为25.6%～37.7%，企业主要是依赖外部融资，而在外部融资中，银行融资的比例一直在40%左右，股票和债券等证券融资的比重却呈下降趋势，企业逐渐形成了以银行贷款为主的融资方式。这主要是因为当时日本企业过热的投资引起大量的投资需求增长，同时日本证券市场发展的不完善和不发达使得企业通过证券市场融资比较困难。这两者之差只能靠银行贷款来弥补。在第二次世界大战之后经济高速发展时期，日本政府长期人为地推行低利率政策，使得企业更加依赖银行融资。

在日本，银行主导型融资的具体模式是主银行制的融资模式，即一个企业与某个特定银行之间保持长期的关系，该企业从主银行那里的借款占企业借款总额的份额最大。这种“主银行”是指对于某个企业在资本筹集和运用等方面容量最大并拥有持股(主银行经常是其最大的股东之一)、干部派遣等综合性、长期性交易关系的银行。日本允许银行持有企业5%～10%的股份，日本所有的大型企业都有自己的主银行。日本的主银行制度包括三个相互补充的部分：

(1)银行与企业建立关系型契约；

(2)银行之间形成相互委托监管的特殊关系；

(3)监管当局采取一整套特别的监管手段，如市场准入管制、“金融约束”、存款担保及对市场融资的限制等。

由于以主银行为首的银行贷款几乎成为日本企业资金来源的唯一渠道，且银行往往与企业之间相互持股，主银行就牵头对企业实施相互控制。如果企业经营状况良好，支付正常，则主要由各有关企业依照相关的持股关系进行被动的监督；而一旦企业经营出现异常，财务危机显现出来，整个治理结构马上就转入由主银行牵头的积极干预状态。一般来说，如果某个企业不能对其某一债权人履行清偿义务，债权人就会将所拥有的债权转让给银行，由银行决定采用何种干预方式。当然，主银行体制与相关公司是一种动态的监督关系，对于经营状况较好的企业，相关控制几乎毫无作用，但对于出现财务危机的企业，控制权常常会落入主银行手中。所以，主银行体制融合了银行与企业、企业与企业，以及银行与监管机构之间的相互关系。

20世纪70年代中期以后，随着日本经济高速增长的终结，企业经营战略也在不断转变，同时股票市场也不断发展，日本的融资方式也同步发生着很大变化，从以银行融资为主转变为证券融资、间接融资和内部融资等三种方式并重。

20世纪80年代，日本主银行的重要性大大降低，融资模式变成间接融资与直接融资并重的局面，借款所占融资比例急剧下降，1985—1988年仅占3.2%，这与日本经济高速增长时期形成了鲜明对比，而证券融资比重则大幅提高，1985—1988年已高达28.7%，成为外部融资的主要方式。

进入20世纪90年代以来，金融市场的自由化、国际化程度进一步加深，金融业的国际竞争加剧。在国际经济金融环境发生深刻变化的背景下，尤其是随着日本“泡沫”经济崩溃、亚洲金融危机爆发，日本经济日趋国际化。在国际环境下，特别是在美国的压力和日本监管当局的引导下，日本的金融领域也遇到重大挑战。为此，日本加大了金融改革力度，银行业朝着成熟的市场方向发展，日本大大加快了金融自由化和国际化的步伐。证券市场的长足发展以及新型金融工具的大量出现使得直接融资增长迅速。与此同时，随着日本工业获利能力逐步增强，其自我积累能力也大大提高，内部融资在企业融资中所占的比例也越来越大。近十年来，日本逐步重视资本市场的融资作用，试图在发展间接融资的同时，进一步提高直接融资的比重。

二、全能银行的融资模式：德国

德国企业的融资模式基本上与日本相同，都是以银行贷款融资为主，不过，德国实行的是一种全能银行融资体制。“全能银行制度”又称“综合化银行制度”，顾名思义，是指银行可以自主从事商业银行和投资银行的各种金融业务。也就是说，全能银行既可以从事吸收存款、发放贷款的业务，也可以直接进行证券投资，持有任何非金融企业任何数量的股票。德国企业融资为该模式的典型代表。在德国，银行全面介入企业，并成为企业最重要的持股者，如德意志银行、大众银行和德累斯顿银行就拥有奔驰、大众、西门子等五家德国最大企业60%的股份，成为核心工商业的最大持股者，同时，这些企业也是银行的大股东，这就说明德国的银行是“全能”的。

德国企业制度主要体现的是其社会市场精神。20世纪90年代以前，德国的非银行金融都受到政府的约束。德国政府对非银行金融的约束主要通过两个手段：一是严格而烦琐的发行审批制度；二是对证券交易课以重税。当局一般要求企业发行证券申请必须得到德国经济部的批准，这样，企业往往不能在所选择的最佳时间发行证券，及时得到所需的资本。因此，相对于银行贷款融资而言，发行债券的实际成本较高，并且证券交易税还会给二级市场的证券加上沉重的负担。由于这两个因素，德国企业发行商业票据和长期债券长期受到阻碍，股票的发行和交易同样受到各种税赋的制约，这就从客观上使得发行股票和债券等外部融资形式与银行贷款相比缺乏竞争力。由于许多德国企业都是由家族企业转化而来的，许多家族思想对企业的影响一直很大。同时，德国银行的服务网络十分发达，德国法律允许商业银行从事证券市场等所有融资活动。这种全能银行的存在，使得银行能够直接控制企业。在西欧，企业不愿公开自己的内部情况，而发行股票融资则必须公开自己的内部情况，这也使得德国企业更愿意利用银行融资。

德国企业普遍推崇追求长期价值，由此产生的融资方式主要依靠自身积累再投资和银行贷款。在这种融资模式中，银行与企业关系密切，一家企业一般都与自己的主办银行有着长期稳定的借贷关系，主办银行几乎“包办了”这家企业所有的融资需求。尽管如此，银行对企业的监督与控制也是非常有效的，既加速了企业的集中和合并，又促进了经济的发展，特别是在企业财务状况不佳时，更发挥了积极的作用。

第二节　市场主导型融资模式

市场主导型融资模式是指企业通过发行企业债券和股票的方式直接从资本市场上筹集长期资本，即证券融资是企业外源融资的主导形式，也就是所谓的保持距离型融资制度。英、美发达国家的企业融资是此类融资模式的典型代表。

市场主导型的融资结构是在市场机制下形成的外部结合，具有较高的透明度和约束力，投资者不直接参与公司治理，而是借助于资本市场机制间接控制产业资本。

2013年美国企业的融资存量中，以股票和公司债券为主体的直接融资额占企业融资总额的74.3%；而以银行性融资为主体的间接融资额仅占25.7%。2014年英国企业在伦敦证券交易所通过上市发行股票，增发新股、配股和发行欧洲债券共筹资1 433亿英镑，同年，英国企业从银行获得贷款增量为471亿英镑，两者比例达到3∶1。对于大企业来说，由于资信能力较强，在其融资结构中，直接融资占有更大的比重，少数企业几乎很少向银行借款。

由上述数据可以很清楚地看出，英、美两国的企业采用的是典型的市场主导的融资模式。英、美两国都是自由市场经济国家，资本市场非常发达，金融体系已经相当成熟和完善，这就为直接融资提供了基本途径，所以，一直以来，英、美两国的企业通过发行企业债券和股票的方式从资本市场上筹集资金是相对容易的。然而，形成这种融资模式的决定因素是其相对较高的经济发展水平，即当盈余资金共计达到相当的程度时，投资者就会选择回报远高于银行储蓄的股票。同时，英、美两国都是奉行自由资本主义的国家，其工业化几乎没有政府的参与，主要靠企业的自主投资和市场竞争来推动，政府对资本市场的发展给予相当多的鼓励，英、美两国对企业发行股票、债券的管制很松，加上企业制度健全，其行为也已高度市场化。因此，在英、美等国家，以直接融资为主的融资体系得到更加充分的发展和支持。由于美国企业融资模式更具有代表性，以下则着重分析美国企业的融资模式。

经过长期的演进和发展，美国的金融体系已经相当完善和成熟，企业行为也已经非常理性化。一般而言，美国企业融资方式的选择遵循所谓的"啄食顺序理论"，即企业融资一般会遵循内源融资—债务融资—股权融资的先后顺序，也就是说，企业先依靠内部融资(留利和折旧)，然后求助于外部融资，而在外部融资中，企业一般优先选择发行债券融资，资金不足时再发行股票融资。这一融资顺序反映了企业资本结构中内部融资占据重要地位，其次是银行贷款和债券融资，最后是发行新股筹资。美国企业融资结构的特点是由美国的金融体制决定的，一方面，美国建立了以证券或资本市场为基础的金融体制，证券市场发达；另一方面，美国的商业银行虽然数量众多，但是美国有反对金融势力集聚的传统。早在 1863 年，美国《国民银行法案》就把商业银行的业务限制在一个州的范围内。1993 年，美国又通过了《格拉斯—斯蒂格尔法案》，规定投资银行和商业银行必须分立，商业银行被禁止从事股票业务，商业银行只能经营短期贷款，不能经营七年以上的长期贷款，企业的长期资本只能依靠证券市场来融资，这就促进了美国直接融资的发展，并使美国企业在直接融资中优先选择债券融资，股票融资居于次要地位。同时，美国新兴高科技和高风险产业的发展也推动了其直接融资的发展。技术创新、开拓型的新兴产业需要大量风险较大的投资和巨额长期资本，这是追求稳健经营、保持清偿能力的银行体系所无法满足的，所以只能借助于资本市场。美国目前的风险投资基金以直接融资的形式介入科技研究开发，可以被形象地称为"现代开拓型全新产业的孵化器"。

第三节 国外融资模式的比较

前面介绍的两种融资模式都促进了相关国家的经济发展，只是使用的环境有所不同。本节将从企业融资结构、企业融资的初始社会环境、企业的股权结构、公司的治理结构，以及公司控制方式等五个方面对这两种融资模式进行分析比较。

一、企业融资结构

从美、日、德三国的企业融资结构对比可以看出，美国企业的资金来源主要为内源融资。相关数据表明，美国的内源融资大约占资金来源总额的 75%，而在其外源融资中，证券融资占了相当的比重，这与美国证券市场极为发达有着密切的关系；德国企业的内源融资比重较大，这与美国企业类似，但在其外源融资结构中，德国企业外部资金来源主要为银行贷款；日本企业外源融资的比重为66%以上，而在其外源融资中，主要是来自银行的贷款，其证券融资的比重只有7%，银行贷款在企业总资金来源中占到了59%左右的份额。相关统计数据表明，1980—1995年美国企业发行债券平均占直接融资的79%，整个20世纪90年代美国企业新股寥寥无几，许多年份新股发行量为负值，这意味着许多企业注重债券融资而忽视股票融资。2015年，企业债券融资是股票融资的6倍。可见，从外部资金来源来看，美国企业主要依靠债券融资，而日本和德国的企业外部资金来源主要为银行贷款。

二、企业融资的初始社会环境

日、德和英、美的初始社会环境是不同的。日本商业银行的垄断程度很高，国有成分所占比重大，企业间接融资比例高，与直接融资相比有很大的优势。与日本相似，德国的证券市场不够发达，规模较小，德国的证券市场几乎是西方资本主义国家中最小的。2014年年末，整个德国市场资本化总额只有1.6亿欧元，而同期美国纽约交易所的资本化总额为52万亿美元。从上市企业来看，德国的上市公司数量也较少，2015年年底，德国的上市公司数量不到德国股份公司总数的四分之一；从个人投资者来看，德国持有股票的家庭只有8%，而美国则高达30%以上。以上数据反映了德国、美国企业资金来源的差异。

英国和美国是市场经济发育较早的国家，金融市场非常发达，特别是资本市场，它可以提供丰富的融资工具，其中不仅包括股票，还有各种公司债券、国库券、地方政府债券、可转换债券、金融债券等，交易的品种不仅有现货交易，还有期货交易、期权交易等。近几年来，金融衍生商品发展更为迅速，服务中介机构专业化程度更高，投资银行、会计、资产评估、资信评估、审计、律师等中介机构成为资本市场的中坚力量。同时，资本生产资金充足，不仅个人投资者资金雄厚，而且共同基金、保险基金、养老基金等大举入市，成为最重要的机构投资者。英、美资本市场的监管体系和监管制度健全而富有效率，企业自有资金比重很高且经营良好，这样的环境更有利于企业进行直接融资。

三、企业的股权结构

从企业的股权结构来看，日本的企业产权制度主要是以法人为基础的，即日本企业法人持股占有绝对地位。据统计，2015 年日本个人股东持有的股票只占 21.6%，如果按股票时价金额计算只占 18.5%，而大部分的股份是由各种法人机构(即银行、保险公司和大企业)所持有。此外，日本的企业之间往往相互持股，若干相互持股的公司形成了一个较为密切的关系网，即所谓的“企业集团”。在德国，由于个人对企业的直接投资甚少，德国企业的持股结构多为法人持股，这与日本是相似的。德国企业的所有权集中度很高，持股者主要为银行、创业家族、基金会、其他公司和政府等。虽然德国银行一般并不是企业的第一大股东，它持有的股份只占德国国内所有上市公司股份的 9%，但是，银行除直接持有公司股票外，还能代表其托管的许多个人股份参加每年召开的股东大会行使投票权。例如，在 2014 年年末，德国银行中储存的客户股票达到 0.6 亿欧元，约占国内股市总值的 40%，再加上银行自己持有的股票，银行直接管理的股票占到德国上市公司股票的 50%以上，并且一些全能大银行常常从债权人开始发展成为企业的大股东。银行在许多公司的监事会中占有席位，并且直接影响管理层，因此，德国的全能银行对企业具有很大的有效投票权利。

与日本、德国家企业不同，美国企业的持股主体经历了由个人股东完全持股到个人股东与法人股东共同持股的历史演进。这种经济是以个人产权制度为基础的，所以，在美国自由市场经济的早期，美国的企业几乎全部是由个人股东持股的，但 20 年来，美国机构持股得到快速发展。目前，机构持股在总量上约占美国全部上市公司股本的 50%，其总资产已由 1950 年的 1 070 亿美元增加到 2014 年的 2 518 万亿美元。主要的机构投资者是共同基金、保险公司、养老基金和捐赠基金等。这些机构投资者把众多、分散的小额投资者的资金集中起来，进行分散风险的组合投资，应该说，机构投资者的快速发展，为美国个人投资企业开辟了交易成本更低、风险更小的中介机制。尽管美国机构投资者发展迅速，但由于这些机构都实行分散投资，机构投资者投资单个企业，特别是大企业的比重并不大，因而使得美国企业的股权结构高度分散，许多企业往往有成千上万个股东，而且最大股东持有的股份多在 5%以下。这种高度分散化的企业股权结构对美国企业融资体制的形成及运行产生了独特的影响。

四、公司的治理结构

英、美高度分散化的股权结构也形成了特殊的公司治理结构。由于强大的股东约束和市场约束，公司治理结构之间的制衡关系较为平衡，公司经营透明度大，股东权益一般能得到较好的保障，私人收益在每个时期都比较高。而且美国公司以投资收益率作为评价经营绩效的标准，经理人员要保住职位，就必须努力保持公司的高分红率。但是这种股权结构也有其缺陷，因为公司不存在永远不变的股东，在资本市场对企业进行监督的机制中，没有完全有效的公司治理机制将企业管理人员的利益与投资者的利益直接协调一致，也无法解决企业管理人员利用手中的权力牟取私利而损害投资者利益的问题。

日本和德国的银行已经成为企业治理结构中一支非常重要的力量，对企业的治理结构产生了重要的影响。这样，形成的日、德公司治理结构有利于公司管理人员在正常经营情况下对公司有较大的自主控制，有极大的自主权。来自股东的较少干预有利于公司行为的长期化；同时，公司管理人员又受到银行尤其是主办银行的有效监督，从而既保证了所有者的权益，也维护了公司的长远发展。这样，管理人员把追求公司自身利益作为首要目标。比起英、美公司，日、德公司市场占有率高，公司竞争力强，来自股东的分红压力小。

但是，日、德公司的这种治理结构也有自身的缺点。银行与企业、企业与企业之间相互持股，董事会成员相互兼任，使经营者与股东之间缺乏约束，也影响到对各种投资决策做客观的评价，为经济危机埋下隐患。同时，金融资源的配置主要集中在银行手中，政府可以直接对其金融活动进行干预，妨碍了企业间自由竞争，束缚了企业活力，不利于资源的有效配置，成为经济发展的阻力。

五、公司控制方式

英、美公司在进行融资运作的事前、事中和事后都被市场的不同机构所控制，即每一个项目的事前控制委托给投资银行，事中控制委托给商业银行，而事后控制则委托给股票市场(包括会计师、破产法庭、兼并袭击者及杠杆收购合伙人等)。而日本和德国则将三个阶段的控制作为一个整体委托给主银行和全能银行。也就是说，前者对公司的监督属于外部控制，后者对公司的监督控制属于内部控制。英美模式虽然在保障整个金融机构的安全方面起到了一定的积极作用，但是由于禁止商业银行对公司参股控股，使公司缺乏银行的有力支持，从而导致在国际市场上竞争力的减弱。而商业银行本身也难以得到实力雄厚的大公司的支持。与此同时，这种融资模式往往迫使公司不得不注意短期的财务表现，在这种情况下，常常会发生过度投资的短期行为，英美模式通过外部市场和故意兼并收购的公司控制机制对成本影响很大，影响公司的稳定发展。日本和德国的银行持有公司的巨额股权，客观上给商业银行的安全经营带来了难度和风险，银行大量资金的提供使得公司过度投资，生产能力过剩从而使盈利业务增加，这样不利于资源的优化配置，致使日德的高新技术发展落后于英美；同时，公司过度依赖银行，容易产生垄断，导致恶性竞争，也可能导致银行与公司之间产生部分合谋现象。

通过以上在发达市场经济国家中两种不同的融资模式比较，可以看出，市场主导型融资模式以发达的证券市场为基础，它强调市场竞争在公司治理中的作用，却忽视了对投资者的控制权；而银行主导型模式是以商业银行为基础，与企业保持密切而稳定的关系，并强调对企业的控制权。第二次世界大战后到20世纪90年代前，日本和德国制造业利润和劳动生产率一直高于美国，这与其采用银行主导型融资模式有密切关系。在这种融资模式下，有利于形成技术和资本密集型的大型企业和企业集团，增强企业在国际上的竞争力。但是银行与企业相互持股，容易掩盖财务危机及其他各种矛盾，银行极易发生不良资产危机甚至破产倒闭，从而引起整个经济的剧烈震荡。相比较而言，市场主导型融资模式下的银企关系较为松散，所以在一定程度上削弱了对经济发展的推动作用，但由于英美模式发挥了市场机制和法律监管的作用，资本的配置效率相对更高。两种融资模式产生的历史时期、经济基础以及社会背景都不同，所以适应性也不同。

第四节　我国民营企业融资途径选择

一、我国民营企业融资的现状及原因

从对发达国家融资模式的分析可以看出，由于社会历史文化和制度(特别是企业制度等社会环境)不同，所以不同国家企业的融资模式是不一样的。因此，我国民营企业一定要根据自身的实际来选择融资方式。

从我国过去的实践来看，我国一直实行以间接融资为主的融资模式。20世纪80年代初，在制定金融体制改革方案时，我国的金融管理层工作者学习和研究了市场经济发达国家的经验：一种是欧美强化资本市场和直接融资的作用；另一种是日本强化银行和间接融资的作用。政府从当时的实际情况出发，更多地借鉴了日本的模式，注重银行贷款融资的作用，忽视并限制直接融资的资本市场作用。我国以银行贷款为核心的间接融资，在集中资金支持经济高速增长的时期是非常有效的，对我国实施“赶超”战略起到了重要作用，它极大地推进了我国经济体制改革和连续30年的经济高速增长，但我国还是一个处于市场化改革初期的发展中国家，证券市场仍不发达，经济证券化的水平还不高，具体存在很多问题。

(一)不合理的公司融资结构

我国公司融资结构与发达国家恰好相反，企业形成了以外部融资为主、内部融资为辅，以间接融资为主、直接融资为辅的融资格局，这种不平衡的融资结构使企业的资金“短缺”也表现为不平衡的状态，即股本资本(资本金)相对短缺、债务资本相对充足。从本质上说，以过度负债为特征的企业“资金短缺”是一种体制现象。我国民营企业不仅内部资本充足率低，普遍存在高负债率，而且在证券融资中也是跛足运行的，即存在着股票融资和债券融资极大的非均衡，股票融资快速增长，债券融资停滞不前。

从整体来说，我国企业的内部融资比例过低，内部融资的比例约占企业融资比例的30%，民营企业的内部融资比重更低，远远落后于发达国家。我国民营企业内部融资水平低的主要原因有三点：一是我国民营企业的折旧率长期以来水平都很低，致使折旧基金不足；二是从税负来看，我国的税收体系非常不完善，国家财政没有对民营企业提供大量的低息甚至无息贷款，长期以来，我国虽然也有一些对民营企业的税收优惠条款，但是税收优惠的范围和目的仍然不明确，国家税收政策没有给予民营企业过多的优惠，这也是民营企业难以进行内部融资的一个重要原因；三是企业缺乏长期经营思想，分配中留存收益太少，自身积累意识差，在利润分配时多存在短期行为。

我国民营企主要是依靠外部融资，然而在外部融资中间接融资(银行贷款)的比重很大，忽视直接融资的重要性。发达国家企业对银行贷款的依赖程度显然要低于我国民营企业，国外企业的外部融资中，银行贷款与直接融资的比例一般保持在2∶1左右，而我国企业的外部融资中，尽管间接融资的比例近几年在随着资本市场的发展而缓慢下降，但是仍然维持在90%以上。造成这种现象的主要原因是我国证券市场偏小且发育不完善，企业通过债券和股票市场的融资数量很有限，在企业内部融资不足的情况下，企业只能通过银行贷款来实现大规模的融资。即使是在直接融资方式上，我国民营企业也表现出偏好股票融资的“股热债滞”趋势。尽管近几年我国证券市场已有较快的发展，但是在股票市场和国债市场迅速发展和规模急剧扩张的同时，企业债券却没有得到应有的发展。因此，对我国大部分的民营企业来说，债券融资只是理论上存在的一种融资方式，并没有运用到实际上。

(二)民营企业采用落后的管理模式，公司治理结构也不完善

我国的大多数民营企业都采用家族式经营，通常采取所有权与经营权相结合的经营方式，在企业初始阶段，这种家族式管理模式的正面作用大于负面作用，是一种有效的管理方式，这在创业时期对企业发展也十分重要。但是随着企业的进一步发展，其弊端也显露出来。现代管理实践证明，民营企业发展到一定规模，所有权和经营权的分离是不可避免的。如果仍继续采取家族式经营，所有权与经营权都掌握在家族成员的手中，内部产权关系不明晰，那么这种家族式的经营就必然带有一定的封闭性，家族观念根深蒂固，使得引入优秀人才比较困难。这样，企业必然缺少活力，缺乏进一步发展的能力。产权制度是市场经济的基本制度，在一定程度上可以说，民营企业对产权的模糊界定以及所有权与经营权的统一都制约了企业发展，不界定产权会产生损失，严重时将影响企业发展。

我国公司治理结构存在着一个很大的特征，就是人事上采用的是行政强控制，产权弱控制，造成企业内部所形成的不是科学合理的制度控制，而是企业内部人对资产的强控制，这会增加投资者对投资企业收集信息的难度。目前，我国的银行制度和公司治理结构不能充分发挥市场机制和法律的监管作用，股东权益和私人收益一般不能得到较好的保障。银行既不能实行“相机性控制”，也没有对公司实施监控的动因和能力。公司在不能按合同规定履行支付义务的状态下，银行并不能接管对公司有关资产的控制权，国家是唯一能对内部人的控制权进行制约的组织，而国家行使其控制权的具体方式是各级政府机关对公司的行政干预。很多民营企业随着融资的不断扩张，企业管理越来越粗放和松散，公司治理结构严重不合理，不利于公司优化融资组合和降低成本。

(三)金融市场体系存在很大的缺陷，民营企业信息不透明加重了融资困难

民营企业融资难的根源也是金融体制的问题。在我国目前的金融机构体系中，四大商业银行仍然处于垄断地位，其贷款资金主要是为大企业的发展和基础设施建设服务的，有着扶持国有大企业发展的隐性任务。银行对不同所有制的企业在信贷方面的政策也有着很大的差异，存在体制性的歧视，对民营企业普遍存在不平等的融资待遇。这种金融政策上的导向，使得民营企业并未受到银行等金融机构的重视。而且，我国的国有银行还没有真正成为拥有权利与利益的市场主体，没有真正按照商业化原则自主经营、自负盈亏、自我约束、自我发展，这样就影响了银行对企业的业务活动进行相机性控制，银行的相机治理作用得不到充分发挥，这也会增加民营企业企从银行获得发展所需资金的难度。

然而，作为支持中小企业发展的主导银行，如城市商业银行等金融机构在金融体系中仅占15%的比例，规模小、实力弱，从而也就无法给予中小民营企业充分的融资支持，难以发挥民营企业信贷主力军的作用。企业要想以银行贷款的方式进行融资，良好的企业信用是交易顺利进行的重要基础。然而，我国的民营企业内部存在很多制度缺陷，财务制度不健全，而且经营状况和财务状况等内部消息的透明度很低，银行等金融机构和民营企业之间存在着严重的信息不对称的问题，银行总是处于信息获取的劣势位置，而且民营企业的合同履约率低，经常不按时偿付本息，信用等级很低。如果民营企业经营不顺，又总以破产的方式来逃避债务，逃债的方式越来越专业化和多样化，这样，银行和企业之间就存在着逆向选择和道德风险，银行就不会给予这种风险大、信用低的企业贷款，因此，就会阻碍企业通过外部融资的方式进行融资。

(四)资本市场不发达，证券市场虽有发展，但仍需要规范

我国现在的资本市场还不发达，没有形成多层次的市场体系。金融市场体系的发育不健全，没有建立与民营企业相配套的金融机构体系，不能够为企业提供充分的信息和低成本的资金。在这样不规范、不够市场化的资本市场中，企业在融资选择上没有自主权和灵活性，缺少畅通的直接融资渠道，不利于企业合理地安排资本结构和保持较低风险的负债率。资本证券市场是企业通过股份招商和发行股票、债券上市筹资公众资金的渠道，主要包括债券融资和股票融资。其中，股票融资具有期限长和不偿还本金的特点，但规定要有较高的投资回报和充足的资产流动性。因此，根据企业优序融资理论，债券融资比股权融资具有更积极的激励作用、更低的道德风险和筹资成本。虽然我国一直都很重视证券市场的发展，但是目前我国资本市场中仍然存在很多不利于民营企业上市筹资和债券筹资的政策导向。中小民营企业通过发行企业债务的融资渠道基本被封闭。目前，国家每年都发行一部分企业债券，但是现行公司法、证券法及有关部门法律条文严格规定了公司债券的发行主体及发行条件，严重阻碍了中小民营企业的债券融资渠道。缺少了政策支持的环境，民营企业想要通过资本市场获得融资很难，直接融资的渠道非常狭窄。

股票市场是企业直接融资的主要渠道。由于科技型产业一般都具备实质性的技术优势，很多希望获得高收益的风险投资者都一致看好科技型产业，并愿意购买该行业的股票。虽然我国推出了“创业板”，但是创业板推出以后，有一部分高管为了变现，在企业上市后很快就辞职，不利于创业板上市公司的发展，创业板能否发挥其应有的作用，还有待市场及时间的考证。我国的资本市场没有形成对企业的有效约束和激励机制，不能够激发出企业进取的动力。而且，我国资本市场中缺乏创新的融资工具，根本无法满足民营企业融资的具体需要。

(五)法律体系的不健全以及现存法律制度的不可置信性，增加了信息成本

我国现在的经济正处于转轨时期，放眼世界，所有的转轨经济国家都存在不同程度法律监督与经济现实不相适应的问题。这种转轨时期的立法特点是只按照不同所有制的形式来立法，导致了不同经济成分在法律地位和权益上的不平等，存在对民营企业的歧视待遇。

我国虽然也为民营企业制定了一些法律，但这些法律都过于原则性和纲领性，缺少具体的细节规范，其配套的法律和政策也不完善，执行起来存在很大的困难和障碍，民营企业的发展总是缺少法律的规范和保护。如《中华人民共和国公司法》(以下称《公司法》)中有关债券融资方面的法律规定：公司债券的发行主体必须是股份有限公司、国有独资公司和两个以上国有企业或国有投资主体组建的有限责任公司；股份有限公司的净资产不得低于 3 000 万元，有限责任公司不得低于 6 000 万元；企业债券必须有前三年连续盈利的记录等。这些法律约束使得原始资本规模较小的民营企业很难有债券融资的机会。又如，尽管各地都出台了《关于中小民营企业贷款信用担保管理的若干规定》，并安排中小民营企业贷款信用担保资产，但担保人资产抵押及企业自身信用担保的苛刻条件使较多的中小民营企业难以享受到政策的优惠。据调查，目前按中小民营企业贷款信用担保的现行规定办理贷款的户数和金额与中小民营企业贷款的实际需求相差甚远。

民营企业的产权保护也缺乏配套的法律制度支持。与民营企业发展相适应的保护民营企业财产的具体产权制度安排和产权保护等相关法律制度不完善，各项法律法规之间不协调甚至出现矛盾，基本法与特别法之间缺乏前后照应等不协调问题，使得民营企业在面对产权的相关问题时容易出现执法中存在行政制约、其合法权益缺少法律的有力保护等情况。民间融资是民营企业的重要融资渠道，可以弥补我国金融机构对民营企业的融资不足，促进了我国民营企业的发展。但我国目前的民间融资合法性前景还不明朗，常会被以乱集资名义加以取缔，从而使得民营企业的间接融资环境不佳，直接影响其进一步的发展。

综上所述，我国民营企业融资存在很大的困难，这是由于内部和外部的双重因素所致。内部因素是企业资产规模较小、信用级别较低，无法满足商业银行及债券市场投资机构对于企业授信的基本要求，因而较难获得民间资本支持；外部因素是受困于国内金融市场风险分担机制不健全、缺乏有效信用增进渠道和法律保护等，民营企业仍较难进入债券市场进行直接的债务融资等。因此，我国的民营企业要想解决融资问题，找到恰当的融资途径，还有很长的路要走，而且需要内外部环境的双重改革才行。

二、借鉴国外经验后的途径选择及具体策略

通过对国外融资模式的研究可以看出，内源融资和外源融资这两种融资模式

都需要一定条件才能发挥其真正的作用。日、德的银行主导型融资模式要求有庞大的银行金融体系相配套，并且政府要有强有力的有效经济干预能力；而以英、美为代表的市场主导型的融资模式则需要发达的资本市场、明晰的产权制度和完善的法律体系。这对于我国融资模式的发展都很有借鉴意义。目前，我国正处于经济转轨阶段，有着自己的特殊性，选择融资路径不能够完全照搬这两种模式。在具体分析我国民营企业融资现状后，金融管理者更加清楚地了解到我国民营企业融资存在的困难，因此，只能根据我国的实际情况发展有中国特色的企业融资模式——分阶段的融资模式：过渡阶段模式和最终目标模式。最终目标模式就是要吸取两种模式的优点，建立有中国特色的多元化的融资模式。在处于过渡的经济时期，我国还是应该发挥原有的银行体系的优势，以银行融资为主，并加快发展资本市场的步伐，向市场融资转变。具体的策略如下：

(一)优化和完善民营企业的融资结构

第一，要重视内部融资的重要性，提高内部融资的比例。内部融资是企业生存、发展、壮大的基本源泉，是企业取得外部融资的基本保证。外部融资的规模和风险必须以内部融资的能力来衡量，一个单纯依赖外部资金的企业是很难健康发展的。这就要求我国的民营企业要加强资金管理，增强自身的竞争力和盈利能力，提高内部积累，合理确定内部融资的比重。在股东财富最大化的理财目标下，按照剩余股利原则，确定企业的股利支付率，按照自由现金流原则来确定企业的内部融资比重。同时，国家也应该在政策上引导和鼓励企业进行内源式扩张和内部融资，减轻民营企业过高的税收负担，增强企业的自我发展能力。

第二，在外部融资上依据直接和间接融资效率的实证研究结果，应该积极发展我国民营企业的直接融资能力。从长远来看，为了加强社会盈余资金的使用效率，企业应该通过发展直接融资，拓宽企业的融资渠道，减轻银行等金融机构的贷款压力，增强融资工具的流通性。同时，更要鼓励发展债券融资，因为从健全公司治理结构来看，债券融资比股票融资更具有积极的激励作用和更少的道德风险；从降低融资成本来看，债券融资的综合成本更低。随着我国经济体制改革的顺利推进，我国企业债券市场必将获得长足的发展，这也将是一个长期的过程，需要进一步加强。

(二)不断完善公司的治理结构，加强企业自身的建设

完善的产权制度有利于社会组织高效生产，激发产权主体的积极性，由此，也可以提高民营经济的整体效率，推动民营企业新的发展。民营企业在扩张的过程中，应不断完善公司治理结构，建立产权清晰、权责明确、政企分开、管理科

学的现代企业制度，积极进行产权改革。建立适应时代发展需要的产权制度，通过吸收其他产权主体的股权来建立多元的以股权为基础的新产权结构，重构民营企业的产权组织和公司治理结构，使公司决策走上规范、科学的道路，通过企业规范化发展来提升企业融资能力，通过规范化的决策和管理来规避企业扩张过程中的经营风险。民营企业应该按照现代产权制度重新组合企业的股份，实现由“家族式企业”向现代企业管理模式的转变，建立和完善企业内部的融资机制。既要明确民营企业产权内部的产权界定，还要使民营企业和国有与集体企业部门间的产权关系明晰，明确界定国家和其他投资者向企业投资形成的财产最终所有权与法人财产权的产权边界，实行所有权与经营权相分离及科学管理的现代企业制度。

民营企业要想发展外部直接融资，就一定要进行公司制度改革，将企业的组织形式过渡到有限责任公司体制，建立完善的企业组织结构；加大人才培养，培养出高素质、熟悉技术和管理的综合型人才，完善风险控制制度；加大信息披露力度，增强企业运作透明度。同时，也应该大力推进管理技术改革，采用合理的人才激励约束机制，加强对经济活动当事人行为的约束，以便在一定程度上克服经济人机会主义行为的发生，进一步引进职业经理人和科学管理制度，提高企业的信用等级，进而提升企业的形象。

(三)培育和发展我国多层次的资本市场

完善的资本市场可以使资本市场健康、高效运行，是企业走出资金困境的重要出路，能够为实现金融间接调控提供理想的媒介。我国的民营企业所缺乏的是资本性资金，只有健全的资本市场机制才能促进社会闲置资金转化成资本性的资金，才能为企业提供有效的融资。要改变企业的融资结构，就要让资本市场得到充分的发育，使其成为金融市场的核心部分，其中证券市场是直接融资的主体，只有成熟的证券市场才能促进企业直接融资的发展。

在发展资本市场的过程中，政府一定要把握好自己的定位，转变自己在经济发展中所扮演的角色。政府应把主要目标放在对非经营性的领域、公益性项目进行投资，减少对投融资领域的直接行政干预，以经济手段进行调控，才能让资本市场按照市场规律健康地发展。在银行的体制改革中，也应该顺应经济的发展规律。政府只应起引导作用，而不是对日常的银行经营直接进行介入。深化银行体制改革就是要给予银行更多真正的自主权：结构发展的自主权、融资方式的自主权和资本金补充的自主权等。这样才会促进商业银行的市场化发展，改变和优化融资结构。通过完善的资本市场发展直接融资，不仅可以为企业拓宽融资的渠道，还有利于促使间接融资的规范化发展，减少企业对银行信贷的压力，更好地发挥银行在金融市场中的作用。

(四)尽快建立和完善我国民营企业的相关法律体系

成熟的制度环境可以为投资者和融资者提供更为完善的法律保护机制。要按照公开、公正和诚信的原则，为资本市场的发展和企业的投融资创造一个规范、公平的制度环境。在当前，我国应该尽快明确民营企业在我国社会经济发展中的作用和地位，并以法律的形式确定其发展的基本方针，界定民营企业管理机构的法律地位，明确鼓励和扶持民营企业的基本方针和具体的政策措施。在法律法规的制定上，要进一步放宽对民营企业的市场准入门槛，减少金融行业对民营企业的准入设置障碍，通过法律保护好民营企业的合法权益，制定鼓励和扶持民营企业发展的政策措施。建立与多层次资本市场相配套的法律法规体系，针对不同层级市场特征制定相关的制度，如对民营企业申请程序、批准程序、组织方式、运行规则和风险防范等制定出具体的规范细则。为解决我国民营企业信用不透明的问题，应该制定相应的法律法规，制定和完善《民营企业信用评级标准及实施办法》和建立民营企业的信用数据库，开展企业信用评级活动，推行企业信用信息的公开化等。

(五)政府在政策方面给予大力支持

政府应该在政策方面重点扶持科技民营企业，着重于为中小民营企业的发展提供良好的法制环境、政策环境、市场环境等。

第一，政府应制定补偿性政策。政府应该根据职能的需要，对民营企业提供特定的财政补贴和资助，制定有利于民营企业长期发展的倾斜性政策。运用财政调控的杠杆作用，弥补市场机制的不足，财政资助的形式向多元化发展。政府还应该建立民营企业贷款担保体系，组建一个担保机构，专门为民营企业提供担保。制定适合民营企业自身特点的贷款担保政策，设计出担保的具体操作要求，提高担保的力度，形成科学合理的信贷风险分担机制，这样就会提高企业的信用等级，使金融机构更愿意向这种有担保的企业贷款，可以降低自身的经营风险。

第二，政府的税收政策也可以帮助民营企业承担部分风险。完善我国的税收体系，制定有利于民营企业发展的优惠税收政策。税收优惠可以更为直接地给予企业资金援助，有利于民营企业资金的积累和成长，为其内部融资创造更优惠的外部条件，从而达到激励民营企业改变融资结构和促进社会经济发展的目的。

(六)民营企业应根据实际情况选择适合自身的融资方式

民营企业在进行融资活动时应采取谨慎的态度，控制好融资的规模。企业的债务规模只有控制在企业能够承受的范围之内，才能使企业保持较低的资产负债率，低负债经营。应用好的融资管理模式来降低成本为企业发展筹集资金，在资金成本、风险控制和价值创造之间优化平衡，是企业财务规划和融资管理的主要原则。

要根据企业的不同发展阶段选择不同的融资模式。处于不同发展时期的企业需要选择合适的融资方式，以确定最佳的融资结构，从而达到市场价值最大化。民营企业要重视风险投资的发展，积极地到海外进行融资，可以通过在海外市场上市吸引国外投资金的进入。这样既可以改善我国民营企业的融资机制，又可以在利用国外资金的过程中引进国外先进的技术和管理方式，促进整体的经济发展。

融资是企业发展过程中的关键环节，民营企业要获得长远发展，必须有清晰的长期发展战略，企业资本运营策略必须放到企业长期发展战略层面考虑，从里到外营造一个资金愿意流入企业的经营格局。这样，民营企业才能更好地发展，提升企业价值。

总之，以目前我国的市场经济体制的实际情况来看，我国的民营企业应该把英美模式和日德模式融合起来，找到适合自己发展的有中国特色的多元化融资模式。在市场约束的控制下，将证券融资和银行融资并重，这也是民营企业的最佳选择。各种融资方式要想真正健全起来并发挥各自应有的功能，民营企业还有相当长的一段路程要走。

第二章　民营企业融资的相关理论

随着民营经济在我国国民经济中居于日益重要的地位，民营企业也逐渐在我国市场经济中处于重要的辅助地位。然而，民营企业融资困难一直是阻碍民营企业持续发展的主要“瓶颈”，世界金融危机的爆发又大大加剧了这一趋势，因而如何走出民营企业的融资困境长期以来一直是学术界和各级政府试图探讨解决的热点问题。由于民营企业是我国经济转型时期的一个特有产物，目前西方经济学家已经取得的、主要以上市公司为研究对象探究企业融资行为的理论很难直接用于分析我国民营企业的融资行为。鉴于我国的民营企业主要是中小企业，目前关于我国民营企业融资问题的研究多是基于已经取得的中小企业融资理论进行的。本研究同样主要以最具代表性和影响力的中小企业融资理论——Stiglitz 和 Weiss (1981)基于信贷市场信息不对称所建立的信贷配给理论为基础，以我国转型经济为背景，多视角地审视我国民营企业的融资问题。

第一节　信贷配给理论

在金融市场上，企业要获得融资支持，金融中介必须对企业的投资情况、投资的预期收益及偿还借款的动机和能力有较清楚的了解。从这个角度看，信息的生产和利用便成为金融市场和金融中介是否能高效率地分配金融资源的重要内容之一。中小企业在融资过程中碰到的最大问题是中小企业和金融市场以及金融中介之间存在着解决信息收集、分析和传播等方面的障碍。由于存在信息方面的障碍，中小企业根本无法进入资本市场进行融资，而在债务市场上融资会面临信贷配给问题。

一、信息不对称与逆向选择、道德风险的关系

(一)信息不对称与逆向选择

信息不对称是指一方拥有相关的信息而另一方没有这些信息，或者后者拥有

的信息没有前者多，从而对信息劣势者的决策造成很大的影响。通常，在金融市场上，企业一般比银行更清楚投资项目成功的概率和偿还贷款的条件及动机。由于信息不对称，银行给企业发放贷款会存在着各种风险。如果信息是完全的，银行不会向信用状况极差的企业贷款，因此，在完全信息情况下，金融资源可以实现最优配置。

然而，在现实世界中，信息是不完全的。由于信息不对称，就可能产生道德风险和逆向选择。逆向选择是一种事前的决策行为。例如，金融市场上存在着不同风险的借款者，如果银行并不能将风险低的贷款机会与风险高的贷款机会完全分辨开来，而发生逆向选择，将贷款贷放给风险高的企业，就可能形成银行的不良资产，致使信贷资源不能得到有效的配置。由于逆向选择使得贷款成为不良资产的可能性明显增大，因此，即使金融市场上有风险较低的贷款机会，为了避免逆向选择带来的风险，银行也会决定不发放任何贷款。

(二)信息不对称与道德风险

银行面临的道德风险是在贷款发放之后。企业获得贷款之后，有可能从事那些从银行的角度来看不期望进行的活动(如从事高风险预期收益较高的项目投资；或者将在借贷合约中承诺用于投资的借款挪作消费支出)，其结果可能使贷款难以归还，进而给贷款银行带来风险。由于道德风险的存在降低了企业归还贷款的可能性，从而给银行带来风险，这势必减少其预期贷款收益，因此，为了避免道德风险引致的贷款风险，银行必然减弱向企业发放贷款的意愿。

上述分析表明，道德风险和逆向选择的存在使银行常常对企业进行信用配给，从而企业的贷款需求只能得到部分的满足。

与大企业相比，中小企业签订的合同一般不为公众所了解，其经营、财务等相关信息一般也不在报刊上予以公告；其有关的供给、客户、财务、经营者的经营能力等都是完全的私人信息，外部投资者难以把握；中小企业一般不能发行公开交易的证券，从而就没有权威性的信用评级机构对其进行评级；许多中小企业不能向投资者提供经审计的财务报表，可见，中小企业的信息不对称更为严重。上述原因使得银行在为中小企业提供融资服务时，面临的潜在逆向选择和道德风险也更严重，所以中小企业通常是银行信贷配给的主要对象。

二、信贷配给的原因

传统理论认为，均衡利率是由资金的供给和需求确定的，资金的供给曲线和资金需求曲线决定了均衡利率和均衡的信贷水平，使信贷市场以及借款人的需求得到满足。但是，在现实的信贷市场上，利率并不能完全引导银行的信贷供给。在许多情况下，即使借款人愿意接受更高的利率，同时银行也有继续提供信贷的能力，银行还是不愿意提供信贷。这种情况在中小企业信贷中是很常见的现象。许多中小企业通常愿意以高于市场平均利率的水平获得贷款，但即使如此，银行也不会响应这些中小企业的信贷需求。这种情况被理论界以“信贷配给”(Credit rationing)的概念加以描述。

Stiglitz 和 Weiss(1981)指出，信贷市场普遍存在资金供不应求的现象，而这种现象不是信贷市场的短期非均衡，也不能由政府法规限制解释，而且，这种供不应求不能通过调整利率水平而缓解，这种现象可能是信贷市场的长期均衡结果，即信贷市场中存在着均衡信贷配给。换句话说，均衡信贷配给是指在市场经济条件下，信贷市场不能出清的现象。需要说明的是，非价格因素引起的借款人需求无法满足的情况，不能称为“信贷配给”。如果因贷款合同中要求的抵押、担保和借款人未来现金流量等非价格因素的条件不能满足而引起借款申请被拒绝不能称为信贷配给。

信贷配给可划分为两大类：第一类是按照银行标明的利率，对所有的贷款申请人进行配给限制，即所有的借款人只能满足部分贷款需求；第二类信贷配给则是银行对不同的借款者实行差别待遇，即一部分信息较对称的借款人的借款需求得到满足，而另一部分借款人则受到配给限制根本得不到借款。随着市场经济的不断完善，银行更加强调安全和稳健原则，银行更愿意向大企业提供信贷，而对中小企业则实行信贷配给，即中小企业的融资困难大多属于第二类信贷配给。

由于传统理论无法解释信贷市场上的信贷配给问题，Stiglitz 和 Weiss(1981)在引入信息不对称和道德风险因素后，较圆满地解释了信贷配给问题。

Stiglitz 和 Weiss 模型的基本假定是：借款企业拥有一定量的权益资产；借款企业可以选择项目，但不能改变项目的收益分布函数，企业主要根据自身的效用函数来选择项目；在银行和借款企业之间存在着信息不对称；借款人了解项目的具体风险，银行可以了解整个借款人集团风险的统计分布情况却不能准确判断这种风险，即在银行和借款人之间存在着信息不对称；信息不对称在许多贷款申请中普遍存在，在申请贷款时，借款人通常倾向于披露有利于获得贷款的信息，隐瞒(或不披露)不利的信息。这样银行通常不会从借款人那里得到关于贷款的全面信息等。

基于上述假设条件，Stiglitz 和 Weiss(1981)认为，银行在做出贷款决策时主要通过贷款利率和风险的权衡来实现预期收益的最大化。如果银行对企业的信息完全了解，银行就可以通过对不同厂商面临的风险确定不同利率的方式，实现预期收益最大化。但是，在信息不对称的情况下，由于银行无法识别不同企业所面临的风险，而只能判别所有借款人的集体风险，如果银行采用提高利率的方法，它将面临逆向选择。给定所有借款人的集体风险，提高利率似乎将使银行收益增加，但加息会使贷款风险较低的借款人由于不愿意承担高于自己风险水平的高利率而退出信贷市场，其结果是导致所有贷款企业的总体风险增加。这就是说，提高利率会使风险较低的借款人退出市场，贷款需求量虽然减少，但贷款的风险将增加，产生逆向选择，使得银行将贷款发放给高风险的不良借款人，反而可能会降低预期收益。因此，在信息不对称的情况下，为了回避逆向选择，银行不会通过提高利率水平来提高利润，而是通常对信息透明度高且现金流量稳定的大企业提供利率较低的贷款，同时对信息不对称问题较为严重的中小企业，在实行信贷配给的同时收取一个较高的信贷配给利率。

从道德风险的角度看，一旦银行将贷款发放给企业，由于银企之间的信息不对称，通常银行就会面临两种道德风险：一种是项目选择产生的道德风险，即借款人在获得信贷后并没有选择“好项目”（即低风险项目），而是将资金投放于“坏项目”（即高风险项目）；另一种是企业的“贷款偿还选择”带来的道德风险，即借款人在有能力偿还借款的情况下，最终选择不偿还借款的行为。对于第一种道德风险而言，如果企业选择“坏项目”，一旦成功，企业将获得巨大收益，而银行只能从企业那里获得固定的收益。因此，从银行的角度考虑，它当然希望所有的投资者都选择“好项目”。为了避免这一问题的出现，银行会通过控制贷款发放总量即通过信贷配给降低道德风险发生的概率。

银行在向企业提供贷款后，由于对借款人偿还贷款的意愿缺乏完全信息而面临着来自借款人选择战略性的“不偿还”策略而带来的道德风险。这种道德风险是指借款人在有能力偿还贷款的情况下，比较不偿还贷款的收益和成本，在不偿还贷款的收益大于成本的情况下，选择不偿还的策略。从经济学的角度来分析，企业选择不偿还策略是一种理性的行为。但对银行来讲，这种道德风险产生的不良贷款如果不能得到有效控制，银行将很有可能因此而倒闭，所以这种道德风险对银行的利益带来侵害的可能性是很大的。要消除企业选择“不偿还”的道德风险，银行就应该减少信贷发放总量，使得信贷供给量少于企业不偿还成本的贴现值，从而导致信贷配给。由于大企业不偿还贷款的成本通常要远远高于中小企业，所以大企业借款后产生的道德风险问题相对不太严重，银行主要对中小企业实行信贷配给。

综上所述，无论是应对逆向选择效应，还是应对道德风险效应，银行都不会在有超额贷款需求时提高利率水平。即，Stiglitz 和 Weiss 认为信息不对称导致的逆向选择和道德风险是产生信贷配给的基本原因。与大企业相比，中小企业的信息不对称更为严重，所以中小企业通常是银行信贷配给的主要对象。

第二节　中小企业金融成长周期理论

中小企业金融成长周期理论(Theory of financial growth cycle)是另一个具有较强解释力的中小企业融资理论。

早期利用生命周期现象分析中小企业融资结构的代表性学者是 Weston 和 Brigham(1981)，他们利用生命周期比喻并解释了小企业大量使用短期债务的现象：由于小企业不能进入资本市场融资，因此，小规模与增长(尤其是快速增长)的结合使得小企业出现融资缺口。超过内源资金的增长将使得小企业或者降低其增长幅度，或者尽可能地使用短期借款。在早期的企业金融成长周期研究中，未考虑信息对中小企业资金来源的影响。

Berger 和 Udell(1998)从信息不对称的视角修正了中小企业金融成长周期理论，他们认为，伴随着企业成长周期而发生的信息约束条件、企业规模和资金需求的变化，是影响中小企业融资行为的基本因素。

在企业创立初期，由于资产规模小、缺乏业务记录和财务审计，企业信息基本是封闭的，因而企业获得外源融资的可能性很低，中小企业主要依赖内源融资、贸易信贷或天使资金；在企业成长阶段，企业资产规模开始迅速扩大，对资金需求猛增，同时随着企业规模的扩大，可用于抵押的资产增加，并有了初步的业务记录，信息透明度有所提高，企业开始更多地依赖银行的债务融资；在进入稳定增长的成熟阶段后，企业的业务记录和财务制度趋于完备，逐渐具备进入公开市场发行有价证券的条件，并可获得长期贷款。随着公开市场融资渠道的打通，中小企业债务融资的比重下降，股权融资的比重上升，其中部分优秀的中小企业成长为大企业。总体来看，金融成长周期理论将企业融资看作动态的发展过程，在企业成长的不同阶段，随着信息、资产规模等约束条件的变化，中小企业的融资行为、渠道和结构也随之变化，从而其融资方式呈现出一个明显的动态演进过程。其基本规律是，越是处于早期成长阶段的企业，融资的外部约束越紧，融资渠道也越狭窄；随着企业的不断成长，企业融资的外部约束逐渐放松，融资渠道也日益多元化。因此，企业要顺利发展，就需要有一个多样化的金融体系来应对其不同成长阶段的中小企业融资需求。

金融成长周期理论是在对前述诸多理论不断修正的基础上，不断得以发展和完善的。它从长期和动态的角度较好地解释了中小企业融资行为的变化规律，其基本规律也适用于我国的中小企业融资。研究表明，在我国中小企业的不同发展阶段，中小企业融资结构存在周期性变化，正式和非正式金融、股权中小企业融资和债权中小企业融资随着中小企业所处的不同成长阶段而发生着变化。

上述成果无疑为本研究提供了坚实的理论基础。本书将在上述理论的基础上，从我国民营企业发展的实际出发，多角度地剖析民营企业面临的融资问题及其成因，并相应提出具有较强针对性的政策建议。

第三章 民营企业融资的渠道与障碍

企业的创立、生存和发展，必须以投入、保持和再投入一定的资金为前提。资金是企业经济活动的第一推动力和持续推动力。民营企业融资与一般企业融资一样，其企业筹集资金的过程并不是孤立进行的。从整个社会来看，资金运动对社会资源的配置具有导向作用，企业从不同渠道取得的资金能够得到有效的利用和回报，表明了社会资源配置的合理性和有效性；反之，则表明了社会资源的浪费和经济效率的损失。

第一节 民营企业融资的渠道

一、民营企业融资的一般过程

融资的最终目的是规模扩大的再生产，现实的扩大再生产必须有货币的先行积累，但是，货币积累本身只是潜在的积累，只有转化为生产要素，并用于扩大再生产，才是现实的积累。可见，融资过程包含两个环节，即货币贮藏和货币向生产要素转化。前者称为储蓄过程，后者称为投资过程。储蓄过程和投资过程可以由同一主体在同一时间内进行，也可以由不同主体在不同时间内进行。在市场经济条件下，占主导地位的是储蓄过程和投资过程的分离。

储蓄过程和投资过程分离以后，连接储蓄过程和投资过程之间的纽带便是复杂的资金流动过程，资金流动过程的条件和形式也成为融资过程的重要组成要素。在市场经济条件下，资金流动过程“在信用制度和有价证券上找到了努力的目标”，即可以借助于金融资产来进行。金融资产是指货币以及货币索取权证书或产权证书，如现金、存款单、债券和股票等。金融资产的作用在于，克服了资金流动过程中收支不平衡产生的矛盾。一方面，它使投资者可以超过本期收入进行支出，克服了社会投资能力受制于单个资金盈余者储蓄能力的局限性，为分散的盈余资金迅速地汇集成投资所需要的资金规模提供了最便利的条件；另一方面，它为储蓄者本期积累的收入带来了增值，而又不损害资产的流动性。因此，金融资产的积累效应表现为：第一，提高了储蓄和投资的总水平；第二，将储蓄在各种投资机会中进行有效分配，从而提高了投资效率。相反，如果没有金融资产，储蓄和投资职能往往是结合在一起的，单个经济主体要想扩大投资必须先进行储蓄；反之，如果它没有投资机会，储蓄只能是财富的储藏。

在市场经济条件下，要能够成为储蓄，首先必须是已经实现的价值。对商品生产者来说，没有实现的价值并不构成收入。因而，社会总储蓄在量上表现为在一定时期内社会可支配收入总额和消费总额之差额，包括储蓄存款、手持现金和实物性储蓄。社会总储蓄源于：其一，剩余产品价值的转化，包括政府财政收入和企业留利中直接用于积累的部分；其二，信用运动总是有存有取，存取交错，使社会待用的消费性资金和折旧基金形成一个相对稳定的余额，这个余额就是储蓄。储蓄的具体表现为：①居民货币收入的部分转化；②企事业单位所据有的行政管理费用的部分转化；③固定资产折旧基金的部分转化。

过去，居民的可支配收入统统可看作“消费基金”。当居民把收入转变为银行存款时，就据此判断这是“消费基金”转化为“积累基金”。实际上，消费基金与个人可支配收入并不相等。消费基金是指国民收入使用额中减去积累基金之后剩下的部分，也就是一个年度内国民收入中用于消费的实际发生额。因此，它是一个“事后”的统计指标。个人可支配收入是国民收入分配额的一部分，可以看作“事前”的统计指标。既然消费基金是实际发生额，它就无法转化为积累基金。同时，由于“银行一方面代表货币资本的集中；另一方面代表借入者的集中”，所以除了自身资产之外，任何储蓄者只需积累金融资产，如持有现金和存款单，而投资者只需付出金融资产或者承受负债，即可实现投资活动。这样，只要储蓄者接受现金和存款，那么就意味着他向其他部门提供了资金。家庭部门的边际储蓄倾向一般都大于零，其可支配收入中总有一定份额用于投资。因此，如果一定要说“转化”，也可以说是“积累基金”转化为“消费基金”，因为当家庭获得收入而尚未支出时，收入处于储蓄状态，只有其实际购买商品和劳务时，收入才转化为“消费基金”。

社会总投资包括固定资产投资和流动资产投资。在西方经济学中，后者称为存货投资。在我国传统理论中，“投资”这一概念一般不包括流动资产投资，这在实践上表现为不重视流动资金的配套，影响固定资产的利用率。

储蓄来源结构对投资结构具有重要影响。储蓄结构指政府、企业和居民储蓄在社会总储蓄中的地位及其相互关系。投资结构指政府、企业和居民在社会总投资中的地位及其相互关系。储蓄结构取决于各部门收入以及它们的储蓄倾向，国民收入分配结构发生变化，储蓄结构也将发生变化。储蓄结构对投资结构具有制约作用，表现在：

(1)对投资分配的影响。在市场经济条件下，政府、企业和居民具有不同的投资偏好。如政府部门注重整体效益，致力于社会基础设施建设；企业部门致力于营利性的基本建设。因而，储蓄结构不同，社会投资分配结构也不同，从而为产业结构定下了基调。

(2)对投资结构的影响。当经济中不存在资金调剂或资金市场时，储蓄结构也就和投资结构一致；但在市场经济条件下，储蓄结构和投资结构总存在差异，差异的大小取决于居民储蓄在社会总储蓄中的比重。如果不考虑部门内部的因素，政府部门和企业部门的储蓄就用于本部门投资，只有家庭部门的储蓄通过资金流动渠道进入政府部门和企业部门。

从社会化大生产的客观要求来说，社会储蓄和总投资必须相等，即马克思所说的，当社会总储蓄大于总投资时，意味着社会资源得不到充分利用；当社会总投资大于总储蓄时，必然引起通货膨胀。在市场经济条件下，社会总储蓄与总投资的平衡通过以下两个机制来实现：

(1)利率机制。利率自发地调节储蓄和投资。贷款利率越高，投资需求越少，到一定点时储蓄就不可能转化为投资了。

(2)价格机制。价格变化影响人们对收益的预期，从而影响投资需求。

在现实中，总储蓄与总投资不平衡是经常的现象，因为：

(1)储蓄行为和投资行为动机存在差异。

(2)生产周期的影响。在经济萧条时期，投资预期收益低于目标值时，储蓄就不可能转化为投资；在经济高涨时期，投资预期收益高于目标值，社会总投资可能大于总储蓄。

二、民营企业融资过程的描述

按照积累资金的来源，民营企业融资可以划分为内源融资和外源融资。

内源融资是企业不断地将自己的储蓄(留存盈利和折旧等)转化为投资的过程。内源融资对企业的资本形成具有原始性、自主性、低成本性和抗风险性的特点，是企业生存与发展不可或缺的重要组成部分。从理论上说，内源融资可以不涉及商品交换及货币的媒介作用，储蓄者将自己生产的产品直接用于投资。这种“储蓄—投资”的转化方式在人类历史发展的早期是普遍存在的现象。农民将自己生产的种子用于粮食种植可以看作一个典型的例子。在现代社会，内源融资都要借助于商品交换及货币的媒介作用，是现代企业融资的重要形式。世界银行曾引用赫努汉和阿提叶斯(Honohan and Atiyas，1989)说明 14 个发展中国家各部门自筹资金和平均盈余情况。世界银行认为 14 个发展中国家的综合情况表明：企业的投资中 55%是由自己的储蓄提供的资金，政府的投资中 72%由自己的储蓄提供资金，居民户的全部投资由自己的储蓄筹集资金。三部分结合起来，投资中大约有半数是自筹资金。当然，世界银行这里所说的自筹资金比率(储蓄/总投资)是在部门水平上的数据，包含了部门内部之间的借贷关系，企业实际的自筹率为 20%～30%。内源融资具有储蓄者和投资者二位一体并且在行为目的、行为过程等方面有完全同一的特点。这种特点使所有的情报、交易、监督和执行等成本内部化，避免了将资金贷放给他人所不可避免的各种成本和风险，与这种优点相伴的是内源融资的缺点：储蓄规模与投资需求可能会在时间和空间上不一致，投资可能会受到储蓄规模不足的限制。内源融资是一种不需借贷行为介入的转化机制，利率和各种金融机构与工具几乎对直接转化机制不产生影响，储蓄向投资的转化规模和速度基本取决于储蓄自身的收入水平和投资机会。因此，内源融资机制比较简单，本书也不准备对其详细深入分析。

外源融资是企业吸收其他经济主体的储蓄，使之转化为自己的投资的过程。与内源融资相比，外源融资具有以下特点：

(1)储蓄者和投资者是两个不同的主体；

(2)储蓄的目的与投资的目标分离，储蓄主体的储蓄动机可能是多种多样的，其目的通常与投资者的投资机会和目标没有什么联系；

(3)储蓄的行为和投资的行为是分离的、有差别的；

(4)需要有金融工具介入储蓄向投资的转化。

外源融资需要借助于一定的金融工具来进行。在现代市场经济中，金融工具呈现出“证券化”的趋势，又被称为金融证券。其经济功能在于，将资金盈余部门的剩余资金转移给资金短缺部门使用。金融证券按其发行者的性质，可以分为直接证券和间接证券两类。直接证券是非金融部门发行的负债和股权，主要包括：

(1)商业期票，是发票人承诺交付一定金额给受款人的凭证。

(2)商业汇票，是发票人委托付款人向受款人支付一定金额的凭证。

(3)债券，是借款人发行的证明。持券人有权按期取得固定利息并到期收回本金的信用凭证。

(4)股票，是股份企业发行的所有权凭证。股票与债券不同，债券体现的是借贷关系，股票体现的是所有权关系。

为了研究的方便，可以把银行对企业的贷款看作银行购买企业的直接证券(即银行贷款申请单)。间接证券是金融部门发行的证券。间接证券还可进一步划分为货币间接证券和非货币间接证券。其中，货币间接证券是货币金融机构的负债，被作为交易媒介。非货币间接证券是金融部门发行的所有其他负债和股权，主要包括：

(1)银行券，形成中央银行的债务凭证。

(2)存款，指由银行、信用合作社等金融机构发行的债务凭证，按货币性强弱又可分为活期存款和定期存款。活期存款的支付凭证是支票，可以提现的为现金支票，只能转账的为转账支票。定期存款的支付凭证是可转让大额定期存单，持有者可以通过转让作为流通工具使用。

(3)银行汇票，指银行办理汇款业务的工具，汇款解付前银行可无息占用。

各种金融证券在流动性、安全性和收益性等方面都具有自身的特点，从而能够满足各种债权人和债务人的不同需要。

外源融资的好处在于：

(1)提高了总的储蓄水平和投资水平，有利于储蓄资源的充分动员，从而提高了资本形成的总规模。

(2)有利于提高投资的效益，使储蓄得到优化配置。在外源融资下，投资的机会不再局限于储蓄者熟知的范围。投资机会扩大到包括众多投资者相互竞争的投资范围。储蓄者主动地选择外源融资的方式本身就是一种社会分工的结果，也是对其自身投资机会的一种否定，这也就意味着投资效益有所提高。

(3)外源融资加快了资本形成的速度，让各个小储蓄者的小额储蓄汇集起来，集中地投资于一些资本规模大的项目，使得资本形成的速度大大加快。

外源融资具有中间交易成本，储蓄—投资转化中信息、交易、监督和执行的成本在转化过程中具有了外部化的特征，交易成本升高了。但是，在金融机制以及其他储蓄分配机制能够充分竞争的条件下，又抑制交易成本上升的幅度。这种交易成本上升与外源融资所带来的促进和加快了储蓄形成的作用相比，转化的效益要高于它所带来的成本的增加。因此，在经济日益货币化、信用化和证券化的进程中，外源融资成为企业获取资金的主要方式。

三、直接融资和间接融资

根据储蓄转化为投资是否经过金融机构这一中介，外源融资可以划分为直接融资和间接融资。

资金盈余部门在金融市场购买资金短缺部门的直接证券，资金直接从盈余部门流向短缺部门而不必通过金融中介机构，故这一融资方式称为直接融资。它具有以下几种特性：

(1)直接性。即资金需求者直接从资金供给者手中获取资金，并在两者之间建立直接的债权债务关系，或以股权形式直接取得资金。

(2)长期性。相对于间接融资而言，直接融资所取得的资金，其使用期限要长于间接融资，有的(如股票)甚至是无限期地使用。

(3)不可逆性。直接融资若以发行股票的形式存在，那么其取得的资金是无须还本的，投资人若想取得本金(变现)，就必须借助于流通市场，与发行人无直接关系。

(4)流通性。由于直接融资工具主要是股票与债券，而股票与债券是可以在证券二级市场上流通的，因此，直接融资工具有流通性。

资金盈余部门购买金融机构的间接证券，资金流入金融机构，金融机构再购买资金短缺部门的直接证券，资金最终流入企业。资金在盈余部门和短缺部门之间的流动是通过金融机构充当信用媒介实现的，故这一融资方式称为间接融资。间接融资具有与直接融资截然相反的特性，即间接性、短期性、可逆性及非流通性。

从表面上看，直接融资只是不同于间接融资的一种融资方式，对于资金短缺的企业来说，意味着在银行之外又多了一条融资渠道。但进一步分析可以发现，其意义远不止于此。

第一，两者体现的产权关系不同。直接融资特别是股票融资，体现的是所有权与控制权的关系。投资者以其财产所有权进入企业，享有企业剩余索取权和最终控制权，是企业的股东。融资者只是受投资者的委托经营其资产，与投资者之间是一种委托—代理关系。间接融资体现的是债权债务关系。贷款者是将存款者的资产借出，它本身并不是企业资产的最终所有者，融资者借入的也不是资产的所有权，而是一种资金使用权或债务。银行在这里仅充当一种信用中介，是债权债务关系的集合，它拥有对企业的控制权，也就是说，在融资者能够按合同规定履约付款时，银行并不拥有对企业的控制权，只有在企业不能按合同履约时，其控制权才自动转移到作为债权人的银行手中。

第二，两者资金约束主体不同。间接融资的资金约束主体是银行，企业要对银行承担还本付息的责任。在市场经济国家，企业取得银行贷款是以财产作抵押的，企业不能按合同规定履约付款时，银行有权没收其财产或要求企业破产清算。因此，这种约束自然是硬约束。但从发展中国家的情况看，在市场体制不很发达阶段，金融机构的融资行为最容易受到政府的干扰，或者银行本身就是政府机构的一部分。作为“准政府部门”，其融资行为往往带有非市场化的倾向，比如，贷款不遵循安全性、流动性和营利性的准则，其结果自然是银行信贷约束软化，信贷供给往往被动地适应企业的信贷需求。在直接融资条件下，对资金短缺企业构成约束的主体可能很多，但从各国金融市场的发展看，居民无疑是其中最重要的投资者。因为居民是社会最重要的资金盈余者，从而构成社会主要的储蓄源泉。这样，企业在市场上融资，意味着企业要直接对居民的财产负责。无论在发达国家还是发展中国家，由居民财产构成的预算约束总是硬的：债券到期必须偿还本息；股票本金虽不能抽回，但必须发放股息。不仅如此，企业经营不力，股票价格下降，购买者自然减少，也影响企业资金的长期来源。另外，从投资者的角度看，居民是否购买证券，购买哪家企业的证券，只受自身能力的制约，而不受外在压力的强制，这也是构成硬约束的一个方面。

第三，两者融资风险不同。在正常情况下，对居民来说，间接融资的融资风险要低于直接融资。居民购买间接证券，金融机构可以把众多投资者的剩余资金集中起来，再通过资产组合购买不同的直接证券，将融资风险降至最低限度。资产组合分散风险的原因在于，在一般情况下，影响各种直接证券收益的因素不同，某一因素可能会使证券A的价格下跌，却不一定会使证券B的价格也下跌，或可能同时会使证券C的价格上升。随着投资组合中资产种类的增加，一种证券价格下跌所减少的收益可能会被另一种证券价格上升所带来的收益相抵消，这样，随着资产组合的多样化，将会使总体风险减少。所以，金融机构购买各种直接证券，可以减少总投资的风险，集中的投资越多，投资越分散，则总投资的风险就越小。居民在金融市场购买直接证券，由于受单个资本财力的限制，所能购买直接证券的种类有限，所面临的融资风险相对较高。如此看来，间接融资的融资风险要低于直接融资。但有必要指出的是，间接融资的风险较低，是以银行信贷资金的高效运用为前提的。资金由银行流向不同的企业，意味着银行向不同的企业贷款；银行要保证投资者资本的保值增值，就要具备按期还本付息的能力，这就要求银行的经营收益大于经营成本；而收益大于成本又是以银行能够按期收回本息，或企业按期偿还贷款本息为前提的。只有满足这一系列条件，银行才能实现信贷资金的高效运作。很显然，如果这一系列联系中的任何一个环节出现问题，比如，最后一个环节出现呆账，贷款不能按期收回，对于银行来说，购买间接证券仍将面临着巨大的风险。

第四，两者的融资成本不同。从企业的角度看，证券利率和股息红利一般都要高于银行利率；同时，企业直接融资还要负担其他费用，如企业评审费、证券印刷费、宣传广告费、代理发行费及兑付费等。因此，对企业来说，直接融资成本要高于间接融资的成本。然而，从全社会的角度看，间接融资的成本并不是无条件地低于直接融资成本。首先，就整个社会融资成本来看，不仅包括企业融资成本，还包括银行融资成本，也就是说，银行吸收存款也是有成本的，银行要同样支付各种费用。其次，企业融资不仅有会计成本，还有机会成本。传统的财务会计只反映实际已经发生的成本，预期尚未发生的成本和将要失去的机会所发生的成本则不是财务会计处理的对象。企业为有效地筹集和运用资金，则注意各种机会所花费的成本，并从中选择成本最小的机会进行决策，以实现收益的最大化。因此，相对于会计成本，机会成本是构成企业决策行为的主要依据。因此，考虑到银行成本和企业的机会成本，间接融资的成本并不一定低于直接融资的成本。

不同的国家由于历史、文化、传统不同，经济发展的水平阶段不同以及对资金需求程度不同，所选用的融资机制也不相同。一般说来，市场机制比较发达的国家，资金由极度短缺变为相对充足，各项法规比较完备，资本市场达到一定的规模，信息相对公开，能够比较灵敏、准确地反映企业的经营状况和资产负债的状况，有效地抑制过度投机行为，降低了直接融资的风险和交易费用；价格体系基本合理，价格形成的市场机制比较完善，企业建立了一套有效的激励和约束机制，在直接金融体制下，企业更多地依靠发行直接证券(债券、股票)等方式从资金市场上获取资金。相反，市场体制相对不发达的国家，由于资金短缺与分散，法规也不健全，信息不对称，资本市场很容易出现过度投机行为，使经济呈现虚假繁荣的景象，即出现“泡沫经济”，导致大量资金游离于实物经济之外，不能真正解决企业资金短缺问题，对实物经济的发展不能起到积极的作用。企业财务状况不透明，约束机制不健全，融资行为容易发生扭曲，而金融中介机构在信息收集和监控方面具有相对优势，有利于克服直接融资的局限性，提高资金运用的安全系数，而且发行的间接证券比直接证券流动性更高，更符合经济行为主体资产选择与组合的需要，因而以银行为中介的间接融资往往成为后进国家在经济起飞时采用的一种主导性的资金供给方式，是经济增长的必要条件。在间接融资机制下，企业的资金来源主要是贷款，银企关系比较密切。

从国际上看，英、美等市场经济比较发达国家的企业历来主要依靠资本市场的直接融资。20 世纪 70 年代以前，通过企业债券和股权进行的直接融资占企业外源融资总额的55%～60%；通过银行中介的间接融资占40%～45%。日本等亚洲后起的资本主义国家则相反，主要依靠银行的间接融资。1975年以前，日本企业间接融资占外部融资中的比重为80%～85%，直接融资只占15%～20%。20世纪70年代中期以后，情况缓慢地发生了变化。英、美企业增加了间接融资的比重，日本企业增加了直接融资的比重。不同的融资机制规范着企业获取资金的渠道，制约着企业的融资形式和取向。不管采取直接融资机制还是间接融资机制，衡量融资机制有效性的标准是看其能否保证资金的有效供给和合理配置。从企业方面来看，一是有效的融资机制要有利于企业迅速筹集所需资金。在一个高效运作的金融体系中，资金需求者可以根据自身的情况，自由选择和灵活运用各种融资方式，迅速获得资金，保证生产经营的需要。二是有效的融资机制要有利于企业资金得到合理的运用。一个企业在其经营过程中，难免会有暂时闲置的资金，如果金融体系比较发达，企业可以将其投资于金融市场上的短期证券，也可以存放于金融机构中以获取利息。

四、我国企业今后主要的融资形式：间接融资

在市场经济条件下，不同的融资方式具有不同的风险结构，适用于不同的企业，各有其利弊。

间接融资对促进金融体系稳健发展与经济增长具有独特优势。从对经济增长的贡献看，间接融资具有货币创造功能，对经济增长有切实的促进作用。由于投资增长是经济处于增长期的常态，要满足投资需求，离不开银行体系的货币创造，而直接融资只是对现有储蓄的重新组合，不能创造出新增货币。因此在资金供应方面，银行体系十分重要。从银行体系本身来看，由于银行体系规模庞大，具有规模经济，有能力开发与利用专门技术，降低交易成本，在向拥有生产性投资机会的人提供资金和流动性服务方面具有较大的优势。从金融市场的运行来看，由于金融市场上存在着信息不对称，这导致逆向选择与道德风险问题，成为金融市场正常运作的障碍。而银行体系可以在一定程度上防范这些风险的发生。因为，银行在认定贷款风险，防范由逆向选择造成的损失方面，有丰富的经验与办法。银行还有一定的手段监督借款者行为，从而减少由道德风险造成的损失。因此，银行能够在向储蓄者提供利息收益或大量服务的同时仍然获利。从上述方面可以看出，银行体系在金融市场上开辟了一条渠道，能有效地将储蓄资金引入拥有生产性投资机会的人们手中，从而在增进实体经济的效率方面发挥关键作用。

但是，间接融资也使银行体系面临着短资长用和银企关系过密的问题。由于

银行资金来源期限一般较短，而贷款期限通常更长一些，这种期限的不对称导致了流动性的不对称，易使银行陷入流动性困境，并引起系统性风险。而如果银行主导金融体系，银行将对企业产生重大影响。一旦银行获得了有关企业的重大内部信息，它就可以向企业索取租金，而企业也不得不支付这一租金以得到资本。同时，银行主导的金融体系中，银企关系往往较为紧密，常常阻碍企业创新与利润增长。在银行和企业关系紧密时，银行往往按照自己的利益行事，因此可能被企业所收买，或与企业共谋对付其他债权人。而银行对企业的控制同样也扩展至银行本身。在这种情况下，尽管银行对企业享有控制权，可以充分获得企业信息并监控企业经营，但银行与企业将不可避免地联结在一起，往往与企业共谋，并可能导致银行在金融事务中过于强大，这就加大了风险集中度。

就直接融资而言，它可以促进资源的有效配置、改进企业治理结构。与银行体系相比，直接融资（证券市场）能够更有力地促进资源配置效率的提高。一个运行良好的证券市场首先可以促进信息的获取与传播。由于市场规模较大，流动性较高，市场主体因而有更大的动力花费资源去研究企业，从而改进信息披露制度，促进资源配置，进而促进经济增长。在促进企业管理方面，股票市场的运行便利了收购与兼并，从而使经营良好的企业具有更大的动力，经营不善的企业面临直接的市场压力，更易将管理人员的报酬与企业业绩挂钩，有利于提高经营管理水平，促进企业发展。在降低风险方面，一方面，运行良好的股票市场能提高企业规避流动性风险的能力；另一方面，由于许多有利可图的投资要求获得长期的资本承诺，但投资者往往不愿长期放弃其对储蓄的控制权，而流动性较好的股票市场允许投资者在需要资金时迅速而成本较低地出售股票，从而使得长期投资更具吸引力。

同时，直接融资面临着信息不对称、进入壁垒及监管等问题，因而直接融资在促进经济发展中也具有很大的缺陷。首先，证券市场的正常运作要求建立完善的信息披露制度，以方便投资者平等及时地获得相关信息。这样，如果一些投资者花费了大量资源获得相关信息，其他市场参与者将同时获得其研究成果。因此，他们同时购买该股票，导致股票价格上涨，从而产生了搭便车问题，降低了市场参与主体获得信息的动力。其次，在监控企业方面存在缺陷。一是内部人往往比外部人拥有更多的企业信息。这种信息的不对称降低了证券市场的效率，因为信息不完全的外部人在企业控制方面不如拥有完备信息的内部人，除非他们付出很高的代价。二是证券市场的流动性较高，交易活跃，可以降低企业风险和防止大股东操纵企业经营，鼓励企业股权的分散化，从而使企业拥有许多小股东，而每个小股东监督管理人员行为的动力较小，从而降低了建立审慎的公司治理结构的动力。最后，直接融资还有较高的进入壁垒。对于希望进入证券市场直接融资的企业来说，必须披露足够的信息，其经营规模也须达到一定要求。而企业规模越大，企业越著名，投资者在市场上获得的有关它的信息就越多，评定企业优劣就越容易，因而愿意直接投资于这类企业的证券。因此，进入证券市场进行直接融资的多为大企业，中小企业难以进入证券市场，倒是从银行获取信贷更具成本优势。

尽管直接融资与间接融资各有利弊，但在一定时期内，是以直接融资为主还是以间接融资为主，要取决于经济体制、社会制度以及金融市场发育情况等制度环境和经济背景。从发展趋势看，我国今后相当长时期内仍要以间接融资为主，同时逐步提高直接融资的比重。其原因如下：

(1)以间接融资为主的融资结构，更能够满足我国的经济发展需求。

1)对于仍处于经济增长初期的我国，目前银行体系的货币创造功能远比直接融资的资源配置功能重要。经济的高速增长需要投入大量资本，而只靠民间储蓄是远远不够的，因此，依靠可以再生货币的银行体系，可以在更大程度上满足企业的投资需求。

2)若以名义 GDP 计量，我国仍属低收入国家，市场化程度较低，居民对市场走向的判断能力较弱，同时，信息披露不完整，市场发育不健全，大多数居民进行直接投资的难度很大，容易有较强的盲目性和投机性。在这种情况下，直接融资发展过快将造成很大的风险。

3)在直接融资不发达的情况下，银行利用较低的利率吸收存款，企业的贷款利率也相对较低，有利于促进经济增长。而如果企业发展主要靠高回报的直接融资，会加重企业负担。而高利率的直接融资，也会对银行低利吸储产生压力和冲击，不利于增加生产性投资，推动经济起飞。

4)由于证券市场存在较高的市场准入壁垒，因此进入证券市场融资的多为著名的大企业，而中小企业由于资信不高，融资规模较小，融资成本较高，进入证券市场的难度较高，不得不依靠银行融资发展。

(2)市场机制不完善是目前不以直接融资为主的前提条件。我国目前法律制度与市场基础设施建设在内的市场机制还不完善。因此，在中短期内选择以直接融资为主的融资结构还不具备相应的条件。市场机制的不完善主要表现为以下几个方面：

1)法律体系不完善，法律制度不健全且实施力度不够，导致信息成本较高。

2)信息披露不充分，披露内容的及时性与真实性较差，也导致信息成本上升，并削弱了市场信心。

3)尚未建立起可信度较高的信用评级制度，制约了债券市场的发展。

4)企业治理结构不完善。目前我国的上市公司大多为国有企业，其经营机制并未相应改进，行政干预与产权不明晰仍制约着这些企业的进一步发展，导致了事实上的内部人控制问题。外部人由于信息的缺乏无法了解资金的使用去向，容易出现道德风险。

(3)政府在经济转轨过程中的作用，决定了中短期内我国仍将以间接融资为主。从经济与金融发展的历程来看，直接融资的发展往往伴随着经济的多元化与政府权力的下放。证券市场的稳健运行要求股权与债权多元化、股东分散化，强调保护投资者也就是股东利益，从而决定了以市场为基础的政府管理体制，政府不能直接干预企业和金融机构的经营，其主要作用在于创造一个有利于市场机制正常运作的环境，以促进经济增长。换一个角度看，间接融资主导型的金融体系往往伴随着直接干预型的政府管理体制，以方便政府配置银行资源，引导重点行业与企业发展。我国经济完全依靠尚未建立和完善的市场机制是不可能的，政府仍担负着帮助建立市场机制、完成经济结构调整、适时进行宏观调控并促进经济增长的重任，这是与完全的市场经济条件下的政府作用的不同之处。为此，政府将不可避免地介入社会经济生活，介入金融体系的发展，这也是我国金融市场建立市场机制所必需的。而政府干预的载体就是银行体系，而不是证券市场。通过银行体系，政府可以将资金配置给优先发展的行业或企业，调整信贷结构，促进经济的均衡发展。这样，可以在一个相对较短的时间内将相对短缺的资源更有效地运用于重点行业，从而提高资源的利用效率。有鉴于此，对于我国这样的经济，有必要保持间接融资为主的融资结构，同时发展直接融资。

第二节　民营企业融资的障碍

改革开放 30 多年来，我国民营经济从无到有、从小到大，蓬勃发展，民营经济在国民经济中的地位和作用越来越重要。然而，民营企业融资渠道狭窄，从银行所能得到的资金与其发展速度不相适应。只有少数发展成熟、规模较大的民营企业在资金市场上因“马太效应”的作用成为贷款的“宠儿”，大多数民营企业因诸多因素而很难顺利地、快速地从银行取得贷款，主要障碍有以下几个方面。

一、民营企业融资的体制性障碍

国有银行和国有企业之间的依存关系在现行的融资体制中具有不可拆解的性质，国有企业的社会地位和责任事实上锁定了国有银行的地位和责任，同时也决定了改革过程中金融资源的配置结构。这种融资体制对于民营经济而言是“外生”的，它很难与民营经济兼容，所以目前民营经济的融资面临的是体制性障碍。

(一)“软”预算约束与“硬”预算约束

与财政型融资体制比较，借贷型融资体制内存在两种不同性质的预算约束：在国有企业和国有银行之间，预算约束依然较“软”，但在国有银行与民营企业之间预算约束却是“硬”的。

国有企业与国有银行传统天然的紧密关系使得国有企业可以获得大量的优惠贷款，但是国有银行与国有企业之间不是严格意义上的债权债务关系，对国有企业而言，资金一到手，风险就可以外部化。在这种软的预算约束下，一笔资金的注入引起的往往不是经营绩效的改善和财务状况的好转，而是更大的资金需求。国有企业因此对银行贷款形成更强的依赖倾向。结果，大量资金被就业、社会稳定等因素所约束而失去增值的属性。

国有企业融资强烈依赖着这种金融体制，但这种体制却与民营经济相排斥，原因是，这种体制本来就是建立在国有经济特有的预算软约束条件之上的，而民营经济几乎与预算软约束无关。

“软”预算约束使国有银行可以根据国有企业的资金需求为之量身定制，贷款申请和放贷也基本上是一种行政权力的运作过程。这一过程耗时耗力，也只有国有企业才付得起这一过程的高额成本。“硬”预算约束使国有银行向民营企业贷款时要求民营企业符合担保条件，尽管在理论上很多资产都符合担保条件，但在实践中，只有房地产才是最主要的担保品。但土地的法定占有权基本上只为国有企业和集体企业拥有，大多数民营企业并不拥有土地和楼宇的法定占有权，因此，它们难以以之抵押，获得所需要的贷款。

(二)外源融资与内源融资障碍

1985年实行“拨改贷”，国有企业与国有银行之间由此确立了一种刚性依存关系，国有银行代替国家财政以信贷的方式向国有企业注资，对国有企业而言基本不存在内源性的融资机制。所以，外源融资成为国有企业最基本的融资形式。但是，与发达市场经济条件下的外源融资不同，这里的银行必须服从国家的意志和社会利益目标，也就是说，国有银行在决定信贷的投向与数量方面没有多少选择的余地，或者说它的信贷行为是被动的。信贷数量的多少并不取决于国有银行对项目本身的选择以及对信贷回报的考虑，而是取决于国有企业对信贷的需求，也就是取决于国家的金融偏好。

国有银行的行为目标被锁定，那么，国有银行所能做的就是履行目标所规定的职能。这种规定性表现在国有银行的资产负债表上，就是资产由国有企业的资金需求事先给定，国有银行需要做的就是寻找与这些资产相对应的负债。从表面上看，国有银行对负债似乎可以选择，而事实上却别无选择。另外，国家通过制度上的安排排斥了非金融因素进入存款市场，使国有银行之间对居民储蓄的竞争具有“兄弟竞争”性质，竞争以共同的利益目标得以维系。由此可见，国有企业的外源融资机制先是锁定了国有银行的目标，从而限定了国有银行的选择行为，最后形成对居民储蓄的垄断。这一链条中的所有环节都是单向连接的，国家在链条的终端承担最后责任，居民储蓄蜕变成为免费资本，国有银行居于链条的中间，代表国家向国有企业传输这种免费资本。

现行的融资体制主要是为了适应国有企业外源融资的需要而建立起来的，对民营企业而言，外源融资则很难通过这一融资体制来实现，因为链条的每一个环节对民营经济都具有排斥性。所以，民营企业实际上至今还不存在支持其外源融资的正式机制。外源融资的正规渠道基本上被堵截，这就意味着民营经济只能主要依靠内源融资。但内源融资要受民营经济自身发展状况的限制，依赖这种融资形式融通的资金非常有限。民营经济在发展初期的投入结构一般都是劳动密集型的，内源融资适应的就是这种投入结构，但是，民营经济的进一步发展则需要提升资本劳动比例，相应地，应当构建与之对应的外源融资机制。在这一点上，民营经济发展会面临很多限制并遇到很多困境。

(三)制度的内生性障碍

民营经济的外源融资受到现行融资体制的排斥，但是，有两种因素会阻碍内生性的金融制度产生：一是现行融资体制高昂的维护成本；二是民营经济发展的内在要求。前者已使国家不堪重负，若继续维持这种体制，不良债权和金融风险的积累将会危及经济安全。政府似乎已经意识到事态的严重性，开始对这种融资体制进行调整。例如，1995 年以后，政府一方面强化了贷款的约束规则，另一方面试图鼓励自己所控制的国有金融机构向民营企业提供信贷。但是真正能诱导出内生性融资机制的只能是民营经济自身，因为内生性融资机制就存在于民营经济的流程之中，它是在民营经济内部资金供求矛盾的基础上发育而成的。经验研究表明，民间正式金融机构比国有金融制度更适合于体制外产出增长的金融需要。我国20世纪80年代兴起的乡村非正规金融组织以其实行民用民管的制度优势，将村民的储蓄与借贷活动联系在一起，有效地实行贷款监督，以低廉的交易成本给予农户获得小额贷款的机会，同时又保障了贷款的安全收回。长期困扰正规金融组织的难题在这里以一种自发的制度创新找到了一条解决途径。

现行的融资体制对于民营经济而言是外生性的，因此，不宜通过对这种体制的有限调整实现与民营经济的对接。支持民营经济的融资机制不可能从现行的融资体制中找到生长点，它只能从民营经济的资金运动中生成。那种主张由政府出面发展外生性的国有中小银行，然后通过这些银行给予民营经济以金融支持的思路，其效果是值得怀疑的。无视实体经济领域和金融领域的所有权结构不相匹配的客观事实，主张小的民营经济就需要小的金融机构为之服务，实际上是基于一种机械思维而构造的搭配关系。我国已成为WTO成员方，我国的金融领域除了对外国金融机构开放，政府还应允许国内民营金融机构介入金融领域。在放松对金融机构的市场准入限制的同时，激励内生于民营经济的金融制度创新行为，促使民营经济首先从其内部获取必要的金融支持，让民营经济通过其内部之间的资金流动缓解资金供求矛盾，让它们在资金借贷活动中自我调适、彼此约束。民营金融机构不大会受政治因素左右，其经营将更多地服从于利润导向。新的民营银行将把主要精力集中在尚未开发的市场领域，特别是那些小型公司和刚成立的企业上，而这类企业的数目在中国民营企业中占大多数。这些民营金融机构将不会歧视现有的顾客关系，它们将在市场上塑造自己的形象，并会不断创新，以各种新的方法开展业务。内生性的金融活动开始可能是无序的，但产权的约束会将这一活动导向有序。

二、民营企业融资过程中相关市场主体的障碍

(一)民营企业自身的障碍

(1)心理障碍。民营企业从避税逃税、人身安全等方面考虑，不愿如实向银行申报自己拥有的资产；不了解银行贷款的手续和程序，怕麻烦而不向银行提出贷款要求，通过亲友间的借贷或地下资金市场取得所需资金；安于原有规模，不愿负债经营，希望通过自身积累来谋求发展。

(2)素质障碍。部分民营企业主在市场上搏杀了几年，在一些方面素质有所提高，但文化、经营思想、管理水平、守法诚信等方面的素质依然较低，缺乏对市场的正确判断，粗放经营；依然注重靠关系、靠避税逃税、靠运气来发财，稳健

经营、可持续发展的基础脆弱，难以通过科学的管理来提高经营效益；当企业遭受市场风险后，就有可能将风险转嫁给银行。这类民营企业所提出的贷款申请，银行很少受理。

(3)管理障碍。中小民营企业以及一些规模较大的家族式集团企业，管理松散、没有章法，尤其是财务管理不健全，“三假”(假凭证、假账簿、假报表)现象普遍而且严重，财务信息的真实性很低；缺乏信用记录以及其他有关资料，因而很难获得银行的信用评级和贷款审批。

(4)物权障碍。中小民营企业创业时多半是租用土地(40～50年)，其所建厂房因缺乏土地使用权证等而不能作为有效财产来用作抵押；所购置的机器设备又因评估等费用较高(以设备抵押贷款100万为例，各种费用加总起来为1%左右，民营企业主觉得不划算)、银行不太欢迎而难以成为抵押物；物权抵押手续多，经常在不同环节上“卡壳”。

(二)地方政府及中介机构的障碍

(1)不当利益障碍。一些县、镇政府为谋求所在区域的不当利益，或在前几年乡镇企业转制过程中逃废、悬空银行债务；或在银行与民营企业发生债权纠纷时偏袒企业，“难申诉，难执行”等不规范现象普遍，银行不良贷款呈地方聚集性特点，使得这些地区成为银行“惧贷”的高风险地区，很多银行都上收了所在地区金融机构的信贷经营权。

(2)中介收费障碍。一些政府部门派生的垄断性中介机构，如评估土地、厂房、机器设备(隶属于不同部门的中介机构)收费较高，民营企业觉得融资成本太高，社会中介机构的不客观评估，中介不公正，使银行或业主难以接受。

(3)担保缺失障碍。在一些地市虽然也有中小企业贷款担保机构，但尚未完全按市场化运作，贷款担保面较窄，被担保的贷款企业较少；被担保的贷款品种单一，主要是个人消费贷款和企业贴现、银行承兑汇票等，民营企业固定资产贷款几乎没有，流动资金贷款担保也不到10%；很多银行对担保机构及其运作了解甚少，存在“卖主”找不到“买主”的现象。

(三)商业银行自身的障碍

(1)体制性障碍。国有商业银行基本上都上收了支行办事处这一级机构的信贷经营权，抑制了基层行处对民营企业的信贷营销冲动；信贷经营部门和信贷审批部门在经营民营企业贷款过程中充当不同角色，考核指标不同，两者有时对申请贷款的民营企业评判的结果分歧较大，审批人过于机械地强调风险而不同意放贷。

(2)政策性障碍。大多数商业银行前几年出台的经营战略和信贷营销策略，基本上都偏重于“大行业，大企业”，对民营企业除了有“所有制歧视”外，还有“规模歧视”；不能根据民营企业的实际情况对其信用等级评定、贷款政策等方面做出符合客观实际的调整。

(3)操作性障碍。在与信贷人员的交谈、了解时发现，大部分信贷员都不同程度地具有“恐私”心理，认为如果推荐民营企业，就会怕别人怀疑自己收受了民营企业主的好处，当信贷审批人提出不当质疑时，不敢说明和坚持。

由于上述障碍的存在，民营企业只能顽强地通过“内源融资”寻求发展。各金融机构对民营企业的贷款是很少的，这说明由于民营企业融资的体制性障碍和相关市场主体障碍的存在，民营企业要想获得外部融资是很困难的，只能通过内源融资寻求发展，这将严重制约我国民营企业在新的历史条件下的二次创业，也会遏制我国民营企业国际化的步伐。

第四章　民营企业的融资结构与影响

企业融资活动是一个动态的过程，表现为既定目标下企业融资结构的选择，也就是说企业融资行为合理与否必须通过融资结构来反映，合理的融资行为将形成一种优化的融资结构，不合理的融资行为必然导致融资结构的失衡。企业的融资结构不同，融资成本、融资风险、净收益、税收也不相同，股东和债权人在企业治理结构中的作用也有很大的不同。因此，企业要根据自己的发展目标和成本效益原则，选择最佳的融资结构。

第一节　融资结构、融资成本和融资风险

一、融资结构和资本结构

融资结构(Financial structure)是指企业在取得资金来源时，通过不同渠道筹措的资金的有机搭配以及各种资金所占的比例。具体来说，它是指企业所有的资金来源项目之间的比例关系，即自有资金(权益资本)及借入资金(负债)的构成态势，它是资产负债表右方的基本结构，主要包括流动负债、非流动负债和所有者权益等项目之间的比例关系。企业的融资结构不仅揭示了企业资产的产权归属和债务保证程度，而且反映了企业融资风险的大小，即流动性大的负债所占比重越大，其偿债风险越大，反之，偿债风险越小。从本质上说，融资结构是企业融资行为的结果。企业融资是一个动态的过程，不同的行为必然导致不同的结果，形成不同的融资结构。企业融资行为的合理与否必然通过融资结构反映出来。合理的融资行为必然形成优化的融资结构，融资行为的扭曲必然导致融资结构的失衡。

企业生产经营所处的阶段不同，对资金的数量需求和属性要求也就不同，由此也就形成了不同的融资组合。对融资结构可以从不同的角度做进一步的划分：按资金来源不同可分为内源融资和外源融资；按资金属性不同可分为债务融资和

权益资本融资；按占用时间的长短可分为长期融资和短期融资。

资本结构(Capital structure)是指企业取得长期资金的各项来源的组合及其相互关系。企业的长期资金来源一般包括所有者权益和非流动负债，因此，资本结构主要是指这两者组合的相互关系。对于资本结构的定义，在西方财务金融界尚存在着不同的认识。有人认为，资本结构就是融资结构，如巨文出版社出版的《英汉、汉英会计词典》中，将资本结构定义为“公司权益的成分，即短期负债、长期负债及业主权益的相对比例关系”；还有人认为，资本结构与融资结构之间虽然有许多共同点，却是两个不同的财务金融范畴。本书倾向于后一种说法，因为融资结构和资本结构研究的内容和目的是各有侧重的。

融资结构是资产负债表右边项目的结构，即公司的融资形式，研究的目的是使企业合理、有效地举借债务资金，以发挥财务杠杆作用。而资本结构是指长期资金项目之间的比例，主要包括非流动负债、优先股和普通股的权益，但不包括短期信用。因此，从内容上看，企业的资本结构只是融资结构的一部分，它研究的侧重点是股权资本与长期借入资金之间的比例，从而反映企业资本化的情况；就一个持续经营的企业而言，其资本结构又被视作企业恒久性资金来源的构成。另外，从分析企业资金偿付能力及企业财务风险程度来看，研究资本结构更显得重要。因此，在现代企业金融学中，一般把资本结构作为研究的重点，探讨资本结构变动对企业的价值及总资本成本率的影响，相应形成了不同的资本结构理论。这样，融资结构和资本结构结合运用，有助于识别举债来源的变化、综合分析企业的财务状况，为科学地进行融资决策提供依据。

二、融资成本

企业的目标在于实现企业市场价值最大化。实现企业目标的一个重要方面是在一定的风险约束下，寻求投入成本(包括融资成本)最小化的融资结构、资本结构。

融资成本是指使用资金的代价。从资金使用者方面看，它是企业为获取资金所必须支付的最低价格。从资金所有者方面看，它是资金所有者提供资金时要求补偿的资本报酬率。

在商品经济社会，融资成本是资金所有权与资金使用权分离的产物。作为资金的所有者，它绝不会将资金无偿地让渡给资金的需求者去使用，因为资金的让渡意味着资金的所有者失去了凭资金获取其他利益的机会与条件。同样，作为资金的使用者，它也不能无偿地占用他人的资金。它在得到了资金的使用权以后，也获得了使用资金获取利润的机会。这也要求资金的使用者将获取的利润与资金的所有者分享。因此，融资成本实质上是资金使用者支付给资金所有者的报酬。这一报酬的形式视资金投入的性质而有所区别。如果是吸引投资者投入的资金，那么这一报酬的形式就是投资收益；如果是从债权人处借入的资金，那么这一报酬的形式就是借款利息。所以融资成本的出现是商品经济条件下资金所有权与资金使用权分离的必然结果。

从理论上讲，融资成本包括融资费用和使用费用。前者是企业在资金筹集过程中发生的各种费用，如委托金融机构代理发行股票、债券而支付的注册费和代办费，向银行借款支付的手续费等；后者是指企业因使用资金而向其提供者支付的报酬，如股票融资向股东支付的股息、红利，发行债券和借款支付的利息，使用租入资产支付的租金，等等。由于融资费用与融资额几乎是同时发生的，因此，应将融资费用视为融资额的抵减项。这样，融资成本便成为资金使用的代价。

一般情况下，融资成本指标以融资成本率表示，因为融资规模不同将导致融资总额不同，使融资成本失去可比性。计算公式为：

融资成本率＝融资使用费/(融资总额－融资费用)

一般来说，在不同条件下企业以不同方式取得资金所付出的代价不会相等。就内源融资来说，一般是无偿使用的，它无须实际对外支付融资成本。但是，如果从社会各种投资或资本所取得平均收益的角度看，内源融资的留存利润也应小于使用后相应取得的报酬，这和外源融资没有差别，只是前者不对外支付，后者必须对外支付。因此，企业留存盈利可以视同普通股东对企业的再投资，其资金成本就是股东对外投资的机会成本，即股东将可以分得的股利再投资于其他企业的股票或债券所获得的收益。因此，企业用留存盈利赚取的收益至少应等于股东投资于各种具有同等风险的投资机会赚取的收益，这种同等风险的投资机会可以直接假定为对企业进行再投资，并赚得和以前股本同样的报酬。所以，内源融资的盈利率与普通股相同，只不过它不需要支付再融资费用。

企业内部生成资金中的各种应交(应付)未交(未付)款项，以及外源融资中不受现金折扣影响的因延期支付所形成的暂时欠款，因为不是企业的专项融资，仅仅是这些资金暂时不使用或暂不支付而用于企业临时周转，无须支付资金成本，所以，它们可以称为真正的无偿融资。由此，在既定总融资规模下，增加其数额必然降低企业的平均融资成本。

就外源融资来说，无论是权益性融资(股本、实收资本)还是债务性融资，都必须支付融资成本，其表现形式分别是股利或利息。但是两者的融资成本是不同的，一般是债务性融资的成本低于权益性融资的成本。之所以存在这种差异，主要是因为权益性融资与债务性融资相比具有以下特点：

(1)权益性融资没有固定偿还日期，更确切地说，它们构成持续的投资。这对于出资人来说，是一种风险极大的投资。当企业经营趋差，甚至破产时，出资者不仅承担减少收益的风险，而且可能承担破产的风险。而债务出资人只是在企业破产清理后仍不能还本付息时，承担第二破产人的风险。

(2)权益性融资的收益是不断变化的，每期分配的股利不像支付利息那样按借贷契约规定的分配率或利息率进行分配，而是依企业的盈利水平而不断变动。

(3)权益性融资的股利不用缴纳所得税，而债息收入缴纳所得税。

(4)就股票来说，在正常情况下，由于股票市场上股价波动所带来的潜在资本收益和损失与债券相比，一般是较大或极不稳定的。总之，对出资者来说，权益性融资比债务性融资具有较大的风险和易变性特点。所以，其要求报酬率相对较高。

即便是债务性融资，也由于短期债务和长期债务之别而使融资成本不同。一般来说，长期债务的利息高于短期债务的利息。其原因在于：

(1)从非流动负债的运用看，它与流动负债的使用相比，能形成较多的周转次数，如果考虑每一次周转完成后的利润再参加下一次周转，那么，非流动负债使用后的盈利水平(马克思以年剩余价值率表示)较高，这就为非流动负债成本高于流动负债提供了基础。

(2)如果考虑货币的时间价值，非流动负债的回收期限比流动负债要长得多，同时考虑到复利的影响，非流动负债所收回的价值如不以较高的利率来补偿，就会难以补偿其借出时的原值。

(3)如果从利率的构成看，按照费雪效应，名义利率、实际利率和预期通货膨胀率之间的关系为：

名义利率＝实际利率＋预期通货膨胀

非流动负债通常比流动负债面临更大的通货膨胀的影响，而流动负债较小甚至不受通货膨胀的影响，因此，非流动负债的预期通货膨胀率会大于流动负债，其名义利率一定比较高。

(4)非流动负债比流动负债有更大的信用或违约的风险，一是非流动负债使用期限长，因而其收益具有不可预期性和不稳定性，而且对于使用该负债的企业来说，在长期内所面临的市场风险也不确定，这也往往易于使企业违约不能按期偿还债务；二是非流动负债通常用于购置固定资产，而固定资产能否实现其全部周转价值，要受到市场的极大影响，从而给偿债带来风险。由于非流动负债面临着更大的偿债风险，所以债权人要求获得较高利率的回报。

不同来源渠道获取资金的融资费用不同，也导致了融资成本有所差别。对企业来说，通过金融市场的直接融资(债券或股票)的费用要高于其他融资方式，但是这种方式灵活性大，所受到的功能限制较少。所谓功能限制是指投资者或贷款人为了保证资金的安全，减少投资风险，向企业提供资金时，对资金用途所做的限制。企业从银行贷款时，一般借贷契约中事先规定了各种贷款用途，如周转贷款、临时贷款、积压物资贷款等，从而限制了贷款的使用范围。因此，银行贷款的功能限制比较强。通过资本市场发行债券进行的直接融资除非发行企业自身规定债券融资的用途，债券购买者是不对企业的融资用途进行限制的。所以，从借款人是否对企业融资进行约束的角度看，直接融资几乎没有功能限制。

由于企业可以从多种渠道、用多种方式来筹集资金，而各种方式的融资成本是不一样的，为了正确进行融资决策，就必须计算企业总融资成本率。总融资成本率是以不同来源的资金所占的比重为权数，对各种资金的成本加权平均计算出的，故又称为加权平均的融资成本率。

三、融资风险

所谓风险通常是指财务损失的机会，一般用预期收益的“可变性”或“不确定性”来衡量。企业的风险来自两个方面：经营风险和融资风险。前者是指企业不使用负债时的资产风险，即企业全部利用自有资金融资，由于资产经营缺乏效率带来的企业收益的不确定性。一旦企业借入资金经营，就需要按期还本付息。由于企业资本收益率和借款利率不确定而产生的风险，就是融资风险。严格地说，它是因企业使用债务而产生的由股东(或企业资本投入者)承担的附加风险。实际上这种附加风险包括两个层次：一是企业可能丧失偿还能力的风险；二是由于举债而可能导致企业股东的利益遭受损失的风险。

企业融资方式不同，面临的融资风险也不同。对于企业来说，债务性融资的风险要高于权益性融资的风险，这主要表现在：

(1)资金不能如数偿还的风险。在债务性融资的方式下，资金不能偿还的损失是由企业自身负担的(这是指不存在终极承担而言的)，企业必须想方设法将所借资金全部如数偿还，才可能保证企业经营的持续进行。而权益性融资的情况正好相反，因为它可以永久使用，企业在筹集这种资金时，无须考虑偿还的要求。

(2)资金不能按期偿还的风险。在债务性融资的条件下，举债必须偿还，而且必须按期偿还，这也是西方企业重视现金流量计划的原因之一。当企业不能按期偿债时，将面临丧失信誉、负担赔偿，甚至变卖资产的风险。与此不同，权益性融资因其是持续终身的投资，而无按期归还的风险。

(3)对有偿债务，企业还将面临不能付息的风险。支付利息是举债的前提，而且利息支付不因企业是否盈利而变化，这就使企业在经营不善时，面临着付息风险。相反，权益性融资因是利润分享，相应损失也共担，企业不会面临付息压力。

因此，在实际的融资操作中，作为融资主体的企业必须考虑到期能否还本付息，以防止融资风险的发生。如果企业预期难以还本付息，只能转向融通资本金。显然，企业是把股东出资作为防止融资风险的避风港来运用的，也可以说，企业是把权益资本作为其自身还债风险的担保物或稀释物来筹措的。

此外，即便是债务性融资，也因非流动负债和流动负债之别，而使企业面临风险的不同。由于流动性压力的作用，企业流动负债的风险大于非流动负债。因为前者要求企业随借随还，企业流动资金的周转必须顺畅；后者要求企业在较长时期偿还，一方面，企业不会面临即时的流动性压力，不必随借随还；另一方面，在持续较长的债务期内，企业可以获得调整改善经营的缓冲机会，而不至于因短期周转不顺畅给企业带来偿债压力。

不同的资金来源渠道，其融资风险也不尽相同。一般说来，采用股票和债券的直接融资，通常要经过证券市场，这种融资必然要面临金融市场风险，这种风险主要表现在两个方面：一是发行风险，或者难以发行，或者只以低价发行；二是再融资的风险，一旦企业已经发行证券，而市场行情趋坏，则企业难以重新筹集资金。通过银行信用的间接融资以及商业信用则不会使企业面临市场风险。

四、衡量融资结构的标准

企业的投资决策、融资决策都是围绕企业目标进行的。因此，衡量企业资本结构好坏的标准就是看它能否有助于企业目标的实现。企业的目标在于实现市场的价值最大化，企业的市场价值一般是由权益资本价值和债务价值组成的，其大小受预期收益及投资者的要求收益率的影响。预期收益通常与公司的息税前盈利有密切的关系。息税前盈利是由资产的管理、生产、销售、经济状况等因素决定的。因此，增减企业的债务不会影响息税前盈利。这就是说，如果改变融资结构能够使企业的价值发生变化，其影响不是在企业的息税前盈利方面，而是在企业的资本成本方面。

第二节　西方融资结构理论及对我国民营企业融资的启示

企业融资有多种方式，企业为了达到市场价值最大化往往寻求最佳的融资结构。由于各种融资方式的资金成本、净收益、税收以及债权人对企业所有权的认可程度等存在的差异，在给定投资机会时，企业需要根据自己的目标函数和收益成本约束来选择合适的融资方式，以确定最佳的融资结构，从而使企业市场价值达到最大化。一个合理的融资结构不仅能有效地决定企业市场价值，同时对企业的融资成本、企业产权分配、治理结构以及通过资本市场对整个总体经济的增长等方面都有一定影响。这就是经济学上称的企业融资理论，或者称为融资结构理论。对于企业融资理论的研究，根据研究方式来划分，大体可以分为三个体系：一是以杜兰特(Durand，1952)为主的早期企业融资理论学派。二是以 MM 理论为中心的现代企业融资理论学派，此学派前面承接了杜兰特等人的观点，往后主要形成两个分支：一支是以法拉(Farrar，1967)、贝南(Brennan，1978)等为代表的税差学派，主要研究企业所得税、个人所得税和资本利得税之间的税差与企业融资结构的关系；另一支是以阿特曼(Altman，1968)等人为主的破产成本学派，主要研究企业破产成本对企业融资结构的影响问题，这两个分支最后归结形成以罗比切克(Robichek，1966，1967)、斯科特(Scott，1976)、梅耶斯(Myers，1984)等人为代表的平衡理论，主要研究企业最优融资结构取决于各种税收收益与破产成本之间的平衡。三是进入 20 世纪 70 年代以来，随着非对称信息理论研究的发展，诸多学者开始从不对称信息的角度对企业融资问题进行研究，其中包括新优序理论、代理成本理论、控制权理论、信号理论等。

一、MM 理论：现代企业融资结构理论的开端

1958 年，美国学者莫迪利亚尼和米勒(Modiglian and Miller，1958)在《美国经济评论》上发表的著名论文《资本成本、公司财务与投资理论》中得出 MM 理论，创建了现代企业融资理论的开端。MM 理论是在对早期净营业收益理论做了进一步发展的基础上提出的，通过严格的数学推导，证明了在一定条件下，企业的价值与所采取的融资方式——发行债券或发行股票无关的理论。该文深入考察了企业资本与企业市场价值的关系，提出在完善的市场中，企业资本结构与企业的市场

价值无关，或者说，企业选择怎样的融资方式均不会影响企业市场价值。这一论断简洁、深刻，在理论界引起很大反响，并因两位学者各自姓氏的第一字母均为M而被称为MM理论。企业融资结构(这里是指股票与债券的组合)与企业市场价值无关的MM理论是一个非常令人意外的结论，它与流行的观点相悖并且引起了人们的不安和不理解，也接受了来自实践的挑战。这是因为这一理论有着严格的假设前提，即在没有企业和个人所得税、没有企业破产风险、资本市场充分有效运作等假定条件下成立的，与现实有很大差距。尽管这个模型不完全真实，但它为分析研究融资结构问题提供了一个有用的起点和框架。MM理论在受到实践的挑战后做了修正，受到了企业所得税的影响。按照美国的税法，企业对债券持有人支付的利息计入成本而免缴企业所得税，而股息支出和税前净利润要缴企业所得税。在缴纳企业所得税的情况下，MM理论得出的修正结论是：负债杠杆对企业价值和融资成本确有影响，如果企业负债率达到100%时，则企业价值就会最大，而融资成本最小。也就是说，最佳融资结构应该全部是债务，不应发股票。然而，这一结论仍与现实不相符。MM修正理论虽考虑了负债带来的纳税利益，但忽略了负债导致的风险和额外费用。

二、企业融资的平衡理论

广义上讲，整个企业融资理论体系就是一个完整的“平衡”体系，即都在研究融资结构的成本与权益的平衡问题，这里所指的平衡理论是20世纪70年代中期形成的“在负债的税收收益与破产成本现值之间进行平衡”而得到一个最优融资结构的理论，平衡理论又可分为平衡理论和后平衡理论。平衡理论的代表人物包括罗比切克(Robichek，1967)、梅耶斯(Myers，1984)、考斯(Kraus，1973)、鲁宾斯坦(Rubinstein，1973)、斯科特(Scott，1976)等人，他们的模型基本引自MM理论的修正模型，把MM定理看成只是在完全和完美市场条件下才成立的理论，而认为现实市场是不完全的和不完美的，税收制度和破产惩罚制度就是市场不完全与不完美的重要体现。梅耶斯、斯科特的平衡理论认为，制约企业无限追求免税优惠或负债最大值的关键因素是由债务上升而形成的企业风险和费用。企业债务增加使企业陷入财务危机，甚至破产的可能性也增加。随着企业债务增加而提高的风险和各种费用会增加企业的额外成本，从而降低其市场价值。因此，企业最佳融资结论应当是在负债价值最大化和债务上升带来的财务危机成本以及代理成本之间选择最适点。换言之，正是这些约束条件(其中最重要的是破产机制)致使企业不可能实现100%的债权融资结构，理想的债务与股权比率就是税前付息的好处与破产和代理成本之间的平衡。这一理论也可以说是对 MM 理论的再修正，从而更接近实际。尽管相对于早期企业融资理论的描述性方法，平衡理论的数学推导更为清楚和严谨，但平衡理论的结论却与早期融资理论的平衡观点极为相似，当然也存在一定的差别，即早期平衡理论认为市场的不完美（如税收和破产制度）会妨碍 MM 理论所说的套利过程的进行，而平衡理论认为，即使 MM 所说的套利过程可以完美地运作，市场的不完美性也是客观存在的。之后，平衡理论的代表人物是迪安梦特（Diamond，1984）、梅耶斯（Myers，1984）等人，他们将负债的成本从破产成本进一步扩展到代理成本、财务困境成本和非负债税收利益损失等方面，同时，另外，又将税收收益从原来单纯讨论的负债税收收益引申到非负债税收收益方面，实际上扩大了成本和利益所包含的内容，把企业融资结构看成在税收收益与各类负债相关成本之间的平衡。

三、企业融资的新优序理论

进入 20 世纪 70 年代以后，对信息不对称现象的研究逐渐渗透到各个经济学研究分支领域，信息经济学、博弈论、委托代理理论等不对称信息研究理论得到重大发展和突破。众多学者也开始从不对称信息的角度来研究企业融资结构问题，并发表了一系列有代表性的文章，把企业融资理论推向一个新的阶段。总体而言，这些理论研究并不是延续以前企业融资理论中只注重税收、破产等“外部因素”对企业最优融资结构的影响，而是试图通过信息不对称理论中的“信号”“动机”“激励”等概念，从企业“内部因素”来展开对企业融资问题的分析，将早期和现代企业融资理论中的平衡问题转化为结构或制度设计问题，为企业融资理论研究开辟了新的研究方向。梅耶斯的新优序融资理论是最早系统地将不对称信息引入企业融资理论研究的，在这里，梅耶斯采用了另一位经济学者唐纳森（Townsend，1979）早期提出的“优序融资”的概念。其理论基本点是，在信息不对称情况下：

（1）企业将以各种借口避免发行普通股或其他风险证券来取得对投资项目的融资；

（2）为使内部融资能满足达到正常权益投资收益率的投资需要，企业必须确定一个目标股利比率；

（3）在确保安全的前提下，企业才会计划通过向外部融资以解决其部分融资需要，而且会从发行风险较低的证券开始。

考察了不对称信息对融资成本的影响，就会发现这种信息会促使企业尽可能少用股票融资，因为企业通过发行股票融资时，会被市场误解，认为其前景不佳，由此新股发行总会使股价下跌。因此，其优序融资理论的中心思想就是：偏好内部融资，如果需要外部融资，则偏好债券融资。随后，梅耶斯在与迈基里夫共同合作的《企业知道投资者所不知道信息的融资和投资决策》一文中建立的梅耶斯—迈基里夫模型中，系统地论证了这一观点。这一“先后顺序论”在美国 1965—1982 年企业融资结构中得到证实。这段时期美国企业内部积累资金占资金来源总额的 61%，发行债券占 23%，发行股票仅占 2.7%。另一位优序融资学派学者纳拉亚南(Narayanan，1978)用一种略为不同的方法得出了与梅耶斯—迈基里夫模型相类似的结论，所不同的是，梅耶斯等人认为信息不对称不仅存在于需要融资的项目中，而且存在于企业现有的资产中，所以梅耶斯等更为关心企业在资本市场为新项目融资时对企业现有资产的影响，而纳拉亚南则只考虑新投资机会的信息不对称现象，他认为其模型对没有现有资产、新成立企业或者从企业分拆出来的某一部分都能适用。梅耶斯等人的优序融资理论另外一个非常重要的贡献就是将企业融资问题通过信号的传递与证券市场的反应充分地直接联系起来，而回避了以前理论中必须通过资本资产定价模型才能间接联系的效果，而使得企业融资问题通过证券市场得到大量的实证分析。

四、企业融资的代理成本理论

依据代理成本学说的创始人詹森和麦克林(Jensen and Meckling，1976)的解释，代理成本说是以代理理论、企业理论和财产所有权理论来系统地分析和解释信息不对称下的企业融资结构问题的学说。詹森和麦克林把代理关系定义为这样一种关系，即委托人授予代理人某些决策权，要求代理人提供有利于委托人利益的服务。代理关系存在于所有的组织和合作中，公司中所有权与控制权相分离引起的资本所有者与经营者的关系也属于代理关系。假定委托人和代理人都追求效用最大化，那么就可以相信，代理人不会总是根据委托人的利益采取行动。为解决这个问题：

(1)委托人可以激励和监督代理人，以使其为自己的利益尽力；

(2)代理人可以用一定的财产担保不侵害委托人的利益，否则以此给予补偿。

即使如此，代理人的行动与使委托人效用最大化的行动仍会有差异，由此造成的委托人利益的损失被称为“剩余损失”。这样，代理成本被定义为委托人的监督成本、代理人的担保成本和剩余损失。他们认为，代理成本是企业所有权结构的决定因素，代理成本的存在源于经营者不是企业的完全所有者(即存在外部股权)这样一个事实。在这种情况下，经营者的工作努力可能使他承担全部成本而仅获得部分收益；同理，当他在职消费时，他得到全部好处却只承担部分成本。其结果是经营者的工作积极性不高，却热衷于追求在职消费。因此，企业的市场价值也就低于经营者是完全所有者时的市场价值。这两者之间的差额就是外部股权的代理成本，它是外部所有者理性预期之内必须由经营者自己承担的成本。让经营者成为完全所有者可以解决代理成本问题，但是这又受到经营者自身财富的限制。债券融资可以突破这一限制，但是债券融资可能导致另一种代理成本，即经营者作为剩余索取者有更大的积极性去从事有较大风险的项目。因为他能够获得成功的收益，并借助有限责任制度把失败的损失推给债权人。当然，这种债权的代理成本也得由经营者来承担，因为债权人也有其理性预期，从而使债券融资比例上升，举债成本上升。詹森和麦克林在对股权和债权的代理成本进行分析的基础上得出的基本结论是，均衡的企业所有权结构是由股权代理成本和债权代理成本之间的平衡关系来决定的，企业的最优资本结构要使两种融资方式的边际代理成本相等，从而总代理成本最小。

五、企业融资的控制权理论

控制权理论研究学派基本上延续了詹森和麦克林的研究思路。其代表成就主要包括哈里斯—雷斯夫（Harris and Raviv，1990）模型以及阿洪—伯尔顿（Aghion and Bolton，1992）模型等，这些理论主要是基于企业融资结构在决定企业收入流分配的同时，也决定了企业控制权的分配。哈里斯—雷斯夫模型主要探讨了詹森和麦克林所提出的股东与管理者之间利益冲突所引发的代理成本问题，他们分别用静态和动态两个模型说明，管理者在通常情况下是不会从股东的最大利益出发的，因此他们必须被监督和戒律，而债务正是作为一种惩戒工具，债务不仅使股东具有法律上的权力——强制管理者提供有关企业各方面的信息，让股东能够通过对信息的分析决定是继续经营，还是进行清偿，所以“最优的负债数量取决于在信息和惩戒管理者机会的价值与发生调查成本的概率之间的平衡”。阿洪与伯尔顿在交易成本和合约不完全的基础上提出一种与财产控制权非常相关的企业融资理论。他们假定市场上有这样两个人：一个是有资本无技术的投资者；另一个是无资本有技术的企业家，两者在市场上相遇后签订了长期合约。由于企业家既追求货币报酬又追求非货币报酬（如个人声誉和在职消费），而投资者只追求货币报酬，所以双方的利益目标包含潜在的冲突。如果合约是完全的，那么合约可以化解双方的利益冲突。但是由于未来是不确定的，合约也就不可能是完全的，剩余控制权的分配由此就变得很重要。在阿洪和伯尔顿的模型中有三种情况：

(1)如果融资方式是发行普通股(有投票权的股票)，那么投资者掌握剩余控制权；

(2)如果融资方式是发行优先股(无投票权的股票)，那么企业家拥有剩余控制权；

(3)如果融资方式是发行债券，那么在企业家能按期偿还债务的前提下，他拥有剩余控制权，否则剩余控制权便由企业家转移到投资者手中，即企业破产。

阿洪和伯尔顿的理论中，剩余控制权产生了，而且不完全合约是剩余控制权的前提。

六、对我国民营企业融资的若干启示

西方企业融资结构理论建立在发达的商品经济的基础上，并主要服务于市场经济条件下的私人企业，曾对西方国家不同时代的企业融资行为产生过明显的影响。从这些理论本身的发展轨迹审视，其对于企业融资结构所带来的企业市场价值的最大化的假定条件也在不断完善和放宽，从而也使其更贴合实际。因此，这些理论的一些思想对我国社会主义市场经济条件下的民营企业融资问题也具有参考价值和启迪意义。

第一，民营企业选择不同的融资结构，目的在于获得最佳的委托代理成本和控制权的平衡，从而完善公司治理结构，融资并不是最终的目的。民营企业介入资本市场，也不能单纯为了融资，而应借资本社会化的契机来转换经营管理机制，从而迅速提升市场竞争力。民营企业在创业之初，普遍实施家族式管理，企业信誉度不高、产权结构不明晰、管理不科学，在进入规模化发展阶段以后，它们迫切要求建立与大规模生产相适应的企业组织制度。比如，进入证券市场，将民营企业转变成公众性的上市公司，有利于民营企业的制度创新，使之在管理理念、股权结构、运作模式等方面有质的转变。首先，民营企业进入证券市场，要按照监管原则，建立现代企业制度、规范管理流程，这将有力地促使其改变粗放的经营管理模式，更好地规范运作，实现从经验管理到专业管理的飞跃；其次，上市可以明晰民营企业的股权结构，并适当降低其股权集中度，法人治理结构将得到逐步完善；最后，提高企业运作的透明度，将股权安排、经营模式、财务状况公之于众，接受严格的外部监管，有助于在当前复杂的经营环境中正确决策，防止“三株”“巨人”等企业的悲剧重演。从这些意义上讲，介入资本市场将使民营企业获得新生。从太太药业、康美药业等上市公司的情况来看，虽然上市后家族控股的特征没有改变，但大多数企业已开始将经营权与管理权分离，大量引入职业经理人，建立健全了管理制度，信息披露的透明度大大提高，这些上市的民营企业已不再是原来意义上的家族企业。

第二，股票是一种重要的融资工具，但并不完全给企业带来效益。用股份制改造中国的大中型企业包括大中型民营企业是目前企业改革的方向，但并非“一股就灵”。如果企业将“上市”变成“圈钱”的途径，尽管企业可能获得筹资带来的短期繁荣，但并不等于企业市场价值的最大化。因为，一位优秀的经营者是谨慎使用“付息而不还本”且“风险共担”的股票融资方式的，也就是说，一个企业过多地选择发行股票则显示着市场前景的不佳。对于中国民营企业而言，解决资金瓶颈的根本不在于是否上市，而在于上市企业也就是证券市场上有没有健全的退出机制和兼并收购机制；在于上市企业能不能获得改善经营机制和建立现代企业制度的压力和动力。如果一家股份公司坐上了沪深两市的“铁交椅”，既没有因违规或业绩差而被“罚出场外”，也没有严格的并购机制使经营不善者从股市“消失”，最多是“黄牌”警告而已，而且企业分红的多少也没有法定限制，那么，民营企业上市也就没有任何市场外在压力。正因如此，许多上市的企业的经营机制和经营效益依旧，一些国有企业依旧没有改变“吃完财政，吃银行；吃完银行，吃股民”的状况。民营企业虽然被认为具有更大的动力，但仍然要清醒，推进民营企业上市也不在于为了“圈钱”获得筹资带来的短期繁荣，而在于通过推进民营企业上市，完善民营企业的治理结构，突破传统的“家族制”约束，改善经营机制，建立现代企业制度。

第三，债权融资是一个高质量的积极的市场信号，显示着企业强大的市场竞争力。一个公司更多地选择“既还本又付息”的债权融资方式，不仅容易对经营者形成压力，而且也说明公司前景可嘉。自20世纪80年代中期以后，债权融资已成为发达国家企业融资的主要手段，债权融资额在国际融资市场所占比例也在不断增加。近年来，美国企业外部长期资本70%是通过发债融资的。而我国近些年在股票市场和国债市场急剧扩张时，企业债券却得不到同样的发展，甚至出现萎缩。事实上，发债融资可以迫使企业走上建立自我约束机制的道路。由于发行债券是有确定期限和利息界定的，企业到期必须如数还本付息，而不能像股票分红那样可以暂不分配。这就给企业增加了压力，促使它改善经营、建立自我约束机制、致力于债券市场的完善，同时必须建立健全相关的法律法规和破产制度，并严格执法和管理。所以，民营企业通过债券融资，应该是一个比较理想的突破资本瓶颈的融资方式。

第四，民营企业最优的融资顺序安排应该是：内部集资—发行债券—发行股票—银行贷款。我国绝大多数的民营企业是靠个人资本投资完成原始资本积累的，股权投资者仅限于亲朋好友及与企业关系密切的人，但是当企业发展到一定阶段时，特别是在由劳动密集型向技术密集型和资本密集型过渡时，企业内部的资金供给很难满足扩大再生产的需要，对外部融资的需求也就越发迫切。长期以来，由于政策限制和自身的缺陷，民营企业融资渠道十分狭窄，资金短缺成为制约民营企业发展的主要问题。在现行的融资体制下，民营企业贷款的渠道及规模受到诸多限制，民营企业贷款只占所有银行贷款的15%，且利息率较高。因此，民营企业走向外部融资，比如债券融资、股票上市融资和增加银行贷款融资就成为必然。

当然，虽然这些融资结构理论包含了相当丰富的科学内容，可以为民营企业融资的分析研究提供一定的理论依据，但应该看到，国外成熟的融资理论是建立在发达的商品经济的基础上的，并且是为发达的商品经济条件下的企业运营服务。对于我国来说，企业的主体地位尚不稳固，市场体系还不健全，市场机制也不完善，国外成熟的融资理论还缺乏完全或正常发挥作用的基础，不可避免地显露出某些不适应我国国情的地方。

第一，国外成熟的融资理论是以资金来源充足和供应稳定作为前提条件来建立的。由于在市场经济发达的国家，市场体系是健全和完善的，资金供应是充足的，资金市场总的态势是资金的供给大于资金的需求。在这样的条件下，企业随时随地可以筹集到经济活动所需的各类资金，企业对融资的种类和数量具有充分的选择权。在决定资金筹集时，企业无须考虑资金的来源是否有保证，资金的供应是否充足和稳定。从企业市场价值最大化的目标出发，企业只需考虑在既定融资风险下，选择何种融资方式使其融资成本最小化，即如何得到融资成本最小的资本结构。然而，在我国，资金短缺或紧张将是我国经济发展的长期态势。民营企业融资中面临的首要问题则是如何获得充足和稳定的资金来源。目前，我国不仅在经济高涨时会出现资金的短缺或紧张，在经济收缩时也是如此。我国民营企业面临的融资环境并不宽松，民营企业的融资渠道和工具也不齐备和畅通，企业在融资种类和数量上的选择余地还比较狭小。在这样的情况下，为解决民营企业资金短缺的问题，首要目标必然是追求充足和稳定的资金来源，之后才是考虑如何使融资成本率降低的问题。因此，在研究我国民营企业融资问题时，就不能简单套用国外成熟的融资理论，必须结合我国的实际情况，做出具体的分析、判断。

第二，国外的融资理论主要是在既定的经济体制和金融体制下研究各种具体的操作方法，而在我国最先需要研究的似乎应该是，企业融资中存在的各种矛盾和问题，寻找这些问题产生的根源，提出解决的措施。具体的操作方法固然很重要，而且在这方面，西方有大量的经验值得借鉴，但由于目前我国还不具备完善的市场条件，直接把在西方行之有效的操作方法拿来，效果未必好。社会主义市场经济体制从理论上提出到真正建立并完善和成熟，需要经历一个漫长而曲折的过程，在这一过程中，研究制度的变迁对企业融资行为的影响，比研究具体的操作方法似乎更为重要。

第三节　我国民营企业融资结构的特点及其影响

改革开放以来，民营企业对国民经济的贡献日益凸显，已成为国民经济的重要力量。无论是传统产业的服务、食品、五金、家具、建筑，还是融合了现代科技的家电、汽车、制药、通信、网络，几乎所有行业，只要是政府已经开放的，差不多都有各地民营企业的活跃身影，并且是经历了残酷的竞争成长起来的。而今，中国民营企业只占用1/3的社会资源，却对GDP增长做出了巨大贡献。然而，由于种种原因，民营企业的融资渠道始终不顺畅，这直接导致民营企业融资结构不合理，制约了民营企业的发展。

一、民营企业融资结构的特点

我国民营企业主要的融资渠道有企业内源融资、银行贷款、有价证券三种。现阶段，民营企业融资结构具有以下特点：

(1)企业内源融资在资本结构中所占比重偏大。民营企业无论是在一次创业的启动阶段还是在二次创业的扩张阶段，企业的主要资金来源都是业主的自有资金和留存收益。据2015年国际金融公司(世界银行分管民营企业的分支机构)在北京、成都、顺德、温州对600多家民营企业的调查，80%的民营企业认为缺乏融资渠道成为其发展的严重制约。它们主要依靠自行融资来开办和扩张。90%以上的初始资本源于其主要的所有者、合伙发起人以及他们的家庭。在创收后的投资中，被调查公司继续严重依靠内部资源，至少62%的资金源于主要的所有者或其留存收益。

(2)银行贷款在资本结构中所占比重明显偏小。在分析民营企业的融资问题时，反映明显的是民营企业难以获得银行信贷资金的支持。长期以来，我国的银行信贷被赋予了为国有企业服务的特定功能，发放贷款唯“成分”论，绝大多数资金被用以支持国有企业，即使对这部分资金运用效率极低、偿债能力极差的国有企业，银行在政策支持或在政府干预的情况下，仍会继续提供贷款支持其濒临破产的经营，因为我国目前所谓的商业银行还并非真正的商业银行，因此这种不良贷款的风险承担者实质上是国家，而非银行本身。但对民营企业，因缺乏国家政策的支持，其不良贷款的风险将由银行自身承担，银行由于怕担风险，所以对民营企业普遍采取忽视态度，即使经营效益较好的企业也很少考虑。近年来，国家宏观政策虽原则上解决了对民营企业的信贷歧视问题，但实际操作过程中仍没有得到实质性的改善。2015 年上海金融机构对民营企业的贷款只有 4.15%，即使是以支持民营企业为己任的民生银行，其对民营企业的贷款也只有 8.87%。可见，民营企业所获得的银行信贷资金的支持与其对国民经济贡献度相比，显然是极不相称的。

(3)有价证券在资本结构中所占比重更是微乎其微。我国股票市场自建立至今，也被赋予了为国有企业服务的特定功能，尤其是目前国有企业处于困境的情况下，为使国有企业通过改制重新焕发活力，我国股票市场以促进国有企业改革为宗旨，重点扶持国有大中型企业上市融资。统计表明，截至 2016 年 12 月底，我国共有 221 家民营背景的上市公司，占同期我国境内上市公司(A 股)总数的 12.50%，且部分还不是通过正常途径上市，而是通过以高昂的代价购买一家上市公司的部分或全部股权而曲线上市的。与股票市场相类似，债券市场也基本上未向民营企业开放。目前，我国企业债券的发行实行“规模控制，集中管理，分级审批”的办法，每年由政府部门确定债券的发行规模和规模内的各项指标，在具体确定年度债券发行计划时，优先考虑农业、能源、交通、重点原材料与城市公共设施项目，以促进产业结构的调整。同时，债券发行办法还规定，发行企业债券的股份有限公司净资产不低于人民币 3 000 万元，有限责任公司的净资产额不低于人民币 6 000 万元，且还要有实力雄厚、信誉良好的单位做担保。这一系列的条件使民营企业进入债券市场只能是望洋兴叹，民营企业基本上争取不到债券的发行额度。

二、民营企业融资结构不合理的原因

我国民营企业融资结构不合理，首要的原因是体制性的限制。

(1)体制上的原因。改革开放前，我国实行单一的公有制经济，民营经济被视为不正当行为而被封杀。改革开放后，计划经济向市场经济转轨采用了渐进方式，在这种体制转换过程中，以个体工商户为主导的民营经济成分逐渐形成了一股经济力量，尽管目前注册为民营企业的数量不断增多，但在民营经济结构中，个体工商户仍然是中国民营企业的核心。因此，中国民营企业从简单的算术总和上可谓形成了一定的规模，但在整体上只能算是处于向规模化扩张的初级阶段。正因为经济体制改革以前的经济制度对民营企业发展造成了限制，导致了民营企业与国有企业的差距很大：一方面在资产规模上民营企业无法与国有企业相比；另一方面在各种分类制度上民营企业与国有企业存在着不少的差异，包括税收政策、财政制度、市场竞争、投资方向等。民营企业是非国有企业，与国有银行在所有制上的差异，造成银企之间的距离。有些银行受传统观念和行政干预的影响，对非国有性质的民营企业贷款不够重视，其市场定位主要还是大型国有企业，对民营企业特别是私营企业采取的是歧视性政策，这种观念的根深蒂固使国家政策扶持未能得到落实。此外，政府在信贷支持体系渠道开启方面，对民营企业贷款的优惠政策不多，表现在：我国缺乏适应民营企业贷款需求特点的贷款担保或保险体制，在客观上限制了民营企业的融资渠道和融资能力，证券市场上的上市公司大部分是国有大中型企业。《中华人民共和国证券法》(以下简称《证券法》)规定，在公司拟发行的股本总额中，发行人认购的部分不得少于人民币 3 000 万元；《公司法》规定，股份有限公司申请上市必须 3 年以上盈利，上市公司流通的股本应在 5 000 万元以上，对于大多数的民营企业来说，这无疑是天文数字。

(2)企业自身的原因。一方面，民营企业成立时间较短，规模较小，自由资金偏少，抵御风险的能力很差，其自身的积累不能满足扩大再生产的需要。组织结构变动快，财政制度和财政管理相对不规范、不稳定，与贷款通则有关条款所需求的贷款条件相差较大，再加上部分民营企业缺乏足够的经过审计部门认证的财务报表和连续盈利的良好业绩，结果使得银行承担过大的风险。另一方面，相当多的民营企业信用等级低，资信相对较差，取得抵押担保贷款困难。据统计，我国民营企业 50%以上的财务管理不健全，信用等级 60%以上都是 3B 或 3B 以下，抗风险能力较弱，而目前银行新增贷款的 80%集中在 3A 或 2A 类企业。随着金融制度改革的深化，信贷制度的完善，间接融资的条件较以前严厉得多，而民营企业大多分布在城乡各地，在经济发展过程中大量依靠自营、集体、合资合作方式，不同程度地存在着机器设备等固定资产所有权、房屋等不动产的产权不明晰的问题，无法用作抵押品，制约了抵押贷款的程度。因此，民营企业间接融资因企业自身的资质条件约束产生了一定的难度。

(3)市场融资不畅。近年来，股票市场的发展主要是围绕国有企业改制而进行的，既是为了使国有企业建立现代企业制度，也是为了化解国有企业的历史包袱，同时为了国有企业在新的经济环境中获得便利的融资服务，因此早期推出的绝大多数上市公司均是国有企业或者是国有企业的化身，真正意义上的民营企业上市公司为数较少。即使目前新设计的“创业板”市场，虽然对民营企业全面放开，但是其设置的门槛仍然较高，相对于大部分民营企业而言，其经济实力未能达到要求，因此对零散、科技含量低而又占民营经济绝大多数的小型企业而言，参与社会直接融资仍然是很难的，再加上我国资本市场发育尚未完善，为尽量缩减资本市场的风险，保护资本市场的稳健运营，对民营企业面向社会公开发行债券也有诸多限制。由于市场直接融资的障碍，民营企业的社会融资，特别是小规模民营企业仅能通过民间借贷的渠道筹措资金。然而，民间借贷的资金量是有限的，满足不了其扩大再生产的要求。同时，有关部门对民间借贷的管理较为严格：一方面是为了防范风险；另一方面是为了对现有金融机构进行外围保护。因此，民间借贷对民营企业的融资辅助力极为有限。

三、民营企业融资困难产生的影响

资金是民营企业发展的第一推动力和持续推动力，如果融资渠道不畅通，势必对企业的发展产生不利影响，成为制约民营企业发展的瓶颈。民营企业的融资困难所产生的不利影响主要体现在以下几方面：

(1)民营企业抵御经济衰退的能力减弱。一般情况下，在经济衰退时期，投资大幅增大，社会需求急剧增加，产量高速增长，商品销售顺利，资金回笼较快，商品流通和货币流通都能顺畅进行。可是当经济不景气时，商品积压，拖欠货款增多，首先受到打击的是民营企业，尤其是为国有大中型企业配套供货的中小型民营企业。大中型国有企业在支付货款时往往以实物抵货款，实物价格高于市场价格，同时在中小企业委托其销售时，又收取高额代理费，使得民营中小型企业蒙受双重损失。在这种配套关系中，国有大中型企业处于买方垄断地位，民营企业有苦难言，再加上融资渠道不畅通，民营企业资金更加紧张，所以民营企业抵御经济衰退的能力非常差。而且民营企业对经济衰退又相当敏感，最容易导致资金紧张，这种机制事实上又对经济衰退具有加速和放大的作用。

(2)民营企业的升级和技术创新困难。在经济短缺时期，由于市场容量大，民营企业依靠迅速扩大市场的手段实现自我积累，对技术和产品质量的要求都不是很高。但20世纪90年代以来，民营企业必须在厂房、设备、技术等诸方面增加投入以满足市场对高品质产品的要求，它们具有升级、扩大规模和技术创新的内在要求，如更新厂房和设备、引进先进的技术等。但融资的困难使得民营企业，尤其是中小型民营企业不能顺利转型，只得沿用落后的机器设备和生产工艺，从而降低了它们在买方市场经济环境中的竞争力。甚至有一部分刚注册不久的民营科技型企业，它们本身拥有专利技术，产品有一定的科技含量，可是在准备投入生产、开发市场的关键阶段，却遇到资金短缺的困难，使得专利技术不能转化为生产力，进而丧失市场的时间优势，以致最终失去市场。

(3)为地下金融市场的猖獗提供可乘之机。从正规合法渠道取得资金有困难，迫使民营企业不得不转向地下金融市场去融资。地下金融市场由于风险高和收益的不确定性，借贷利率始终处于较高的水平。据了解，地下金融市场借贷的年利率一般高于20%。这一方面使许多民营企业通过地下金融市场融资增加了融资成本，使本来就已经很困难的企业雪上加霜；另一方面也导致一些地下钱庄等非法金融机构频频登台。尽管国家对此进行过多次清查、围剿、整顿，但这些非法现象仍然顽固地存在。而没有合法、充足的融资机会的民营企业由于资金的匮乏仍会刚性地进行地下融资。所以民营企业融资渠道不畅通，地下金融市场便会一直存在下去，并且使借贷双方都处于一种高风险状态之中。这不仅干扰了国家的宏观和产业政策，同时也使得部分民营企业的富余资金不愿进入低利率的银行系统，这就必然导致一部分资金很可能流入地下金融市场；另一部分资金可能过多地进入消费领域或盲目投资，从而大大地降低资金在投资领域获取较高收益的机会。

(4)社会资源配置效率降低。对于发展中国家，资金是一种稀缺的社会资源，只有将资金进行合理的配置，才能减少资金浪费，实现资金利润的最大化。而在我国，绝大多数的社会资金流向国有企业，导致大量货币资金滞留在流通领域，不能顺利地转化为产业资本。另外，那些已获得充足授信额度或有富余资金的企业把资金再贷出去或变相贷出的可能性增加，由此可能形成独立于银行体系之外的“第二信贷市场”。这样就出现了在总体上资本稀缺的中国，一方面有局部资本过剩的情况，另一方面民营企业因资金的不足而不能进行技术革新，好的项目不能上马，甚至导致个别企业的破产和倒闭。

四、优化民营企业融资结构的措施

目前，民营企业的融资渠道不畅，是制约民营企业发展、壮大的关键，解决这一问题可以从以下几方面考虑：

(1)加快银行改革步伐，建立和完善为民营企业服务的金融组织体系。民营企业已进入二次创业的扩张阶段，资金需求急剧膨胀，外部融资严重不足已经影响到我国民营企业可持续发展，而银行贷款仍是我国企业最主要的融资形式。因此，要解决民营企业的银行融资问题，就必须深化银行改革。

第一，要面向民营企业，发展多层次、多种所有制结构、多种经营形式的金融机构，形成国有商业银行、股份制商业银行、城市合作银行、农商银行、民营金融机构等相互补充的金融服务系统。一是加快对国有银行进行股份制改造，并确立现代商业银行制度。建立与现代商业银行制度相适应的金融产权结构，使国有商业银行获得独立的法人产权地位和自主经营权，真正实现政企分开。同时要求商业银行彻底转变观念，重视对民营企业的信贷支持，改变贷款唯“成分”论与唯“效益”论的贷款原则，提倡民营企业与国有企业公平信贷，对于有发展潜力的民营企业同样给予信贷支持。二是大力发展以支持民营企业为己任的地方性中小银行，如城市合作银行、农商银行、基金会、储金会等，但由于它们建立时间短、规模小、现代化程度低、储户少，其信贷能力有限，与众多民营企业的贷款需求相去甚远，为此，地方政府应向这些地方性中小银行多注入一些资金，并加速其现代化设施建设，地方中小银行也需要提高金融服务水平，积极组织存款，吸纳客户，以增强资金实力，提高贷款能力，并制定相应贷款政策，进行产业引导，促进民营企业升级和结构调整。

第二，要进一步放宽银行贷款的限制，尽早实现利率的市场化，提高银行放贷的积极性。民营企业贷款具有两大特点：一是单位成本相对较高。单笔融资额度小，而每笔贷款不论额度大小都必须经过一定的发放程序，固定成本大致相同，导致贷款单位成本上升。二是风险相对较大。我国民营企业良莠不齐，银行对民营企业的信用记录不健全，导致对民营企业贷款的不确定性增大，风险增加。而目前人民银行规定对民营企业贷款利率上浮程度有限，而且对交易费用也进行严格限制，这就必然影响银行对民营企业贷款的积极性。要改变这种状况，首先必须弥补对民营企业贷款所付出的较高单位成本，其次银行要承担较大风险，就必须收取额外的风险溢价进行补偿，否则银行就不愿贷款。因而，只有进一步放宽银行贷款利率和交易费用的限制，使利率更富有弹性，充分发挥利率的杠杆作用，让银行扩大盈利的空间，获得现实的经济利益，才能提高银行对民营企业放贷的积极性。

第三，银行应当加强金融创新，开发面向民营企业的金融服务项目。首先，发展融资租赁业务。目前国内银行对民营企业的融资服务形式单一，基本上是清一色的贷款，且贷款担保抵押资产的品种也基本上局限于企业的固定资产，而且主要是不动产。但是民营企业一般规模小，可用于担保抵押的固定资产有限，又很难取得政府的担保，同时银行对民营企业的贷款违约风险很难控制。因此，银行应当针对如何控制违约风险问题进行金融创新。目前全球近1/3的投资通过融资租赁方式完成，在发达国家其地位已经仅次于银行贷款。融资租赁是一种新型的金融工具，具有融资与融物相结合的特点，出现问题时租赁公司可以把租赁物收回处理，因而在办理融资时，对企业资信和担保要求不高，非常适合民营企业的需要。其次，完善票据融资业务。各商业银行应进一步发展和完善我国的票据市场，广泛开展商业汇票的承兑和贴现业务，提高商业汇票的融资比例，促进企业间商业信用的发展和广泛利用，这样既可以解决民营企业短期资金需求，又可以增加银行的效益。目前中国民生银行对票据融资业务已制定了具体操作办法。这种以市场业绩为信贷依据的票据融资，不受企业资产规模的限制，无须寻找担保人，不用经历漫长的审批时间，而且成本低(银行承兑汇票的贴现利率低于商业汇票的贴现利率)、周转快，对急需资金的民营企业可谓雪中送炭。最后，开发应收账款的抵押和出售业务。银行可根据企业应收账款的质量和期限来确定贷款利率进行应收账款的贷款业务或购买企业的应收账款。由于企业的应收账款存在坏账的风险，这种贷款利率普遍较高，对银行来说是一种收益较高的业务，不仅增加了银行的获利空间，同时也增加了民营企业获取贷款的机会。

(2)利用资本市场，扩大民营企业融资比重。目前民营企业融资方式单一，资本结构呈现高风险和保守型两极分化(资金来源要么是银行贷款，要么是企业自身积累)，负债与权益比不是过大就是过小。因此要使民营企业资本结构合理化，利用资本市场进行直接融资应是一条重要途径。然而，由于受我国证券市场规模结构和国家有关政策的制约，民营企业利用国内证券市场进行直接融资的道路比较狭窄，到目前为止，国内真正意义上的民营企业上市较少，这与民营企业在国民经济中发挥的越来越重要的作用极不相称。那么，如何使民营企业能够尽快进入证券市场进行直接融资呢？首先我国证券市场必须转变观念，对民营企业和国有企业均按平等的规则和条件来审核其上市资格，为民营企业创造平等的竞争环境，这也是市场经济的客观要求，也只有这样，才能实现资源的优化配置。

(3)建立民营企业的信用担保体系与监控体系，为民营企业融资提供保障。民营企业贷款难，首先就难在担保上。因此，应当根据发展与防范风险、政府扶持与市场化操作相结合的原则，积极稳妥地建立健全民营企业信用担保体系，即建立和完善担保机构的准入制度、资金资助制度、信用评估和风险控制制度、行业协调与自律制度，为民营企业融资创造条件。具体分述如下：信用担保体系在构成形式上，由市、省、国家三级机构组成，其业务由担保和再担保组成，担保机构以市为基础组建，以辖区内中小企业为服务对象。再担保机构以省为基础组建，以辖区内中小企业信用担保机构为服务对象。在资金来源上，明确走以政府为主、社会为辅、多元募集、流动发展的路子。在风险控制上，通过实施资信评估，按规定比例上存担保资金，项目审核与反担保等措施实现事前控制；通过控制代偿率和设定强制再担保系数等日常监督措施实现事中控制；通过及时有效的追偿实现事后控制。在担保的内外部监督上，为加强对中小企业信用担保行为的监督管理，防范担保风险，省、市各级设立由经贸委会同财政、人民银行、工商行政管理及商业银行等部门组成的中小企业信用担保委员会，负责对辖区内中小企业担保、再担保业务和机构进行监督管理，中小企业信用担保和再担保机构也设立内部监督机构，负责对内部运行情况进行监督。此外，对于政府出资的中小企业担保机构，必须实行政企分开和市场化运作，并一律纳入地方中小企业信用担保体系，各级政府部门一律不得操作具体业务。

(4)提高民营企业自律素质，增强融资信誉度。企业融资能力的强弱，最终取决于企业的自身素质、资信状况。当前我国民营企业产权状况混乱、管理体制不健全、管理决策不科学、创新能力差、财务欠规范、报表不真实。因此要提高民营企业素质，首先，必须明确界定产权关系，解决企业的最终归属问题；其次，民营企业要实行所有权与经营权的分离，实现投资者与经营者分离，聘用职业经理来经营管理企业，使企业管理真正走向正规化、科学化；再次，民营企业必须完善企业内部治理机制，确定规范的会计制度和财务制度，实行严格、科学的内部牵制制度，建立符合市场经济要求的收益分配制度和用人制度；最后，经营者要重视市场营销管理，使经营项目适应市场需求，提高产品的科技含量，降低经营风险，提高盈利水平，保证偿债能力。民营企业必须通过实力求发展，而实力的形成则需要资金的支持。为民营企业注入充足的资金，必然会促进民营企业的健康发展，从而有利于经济结构的调整，有利于创新活动的开发，有利于社会的稳定，有利于民营企业成长为与国内外大企业竞争的集团，以充分发挥民营企业在国民经济中的重要作用。

第五章 民营企业的内源融资

融资是现代企业经营决策的一项重要内容。在企业的日常活动中，不管是重置设备、引进新技术、进行技术和产品开发，还是对外投资、兼并其他企业、偿付债务和调整资本结构，都可能需要进行融资。简单地说，融资就是资金融通，即资金从供给者手中向需求者手中运动的过程，资金供给者融出资金，而资金需求者融入资金。从广义的角度讲，融资是一个资金双向运动的过程，包括资金融入和资金融出两个方面；从狭义的角度讲，融资主要是指资金的融入。本书采用狭义的融资概念，即融资是指具体经济单位从自身经济活动现状及资金运用情况出发，根据未来的发展需要，经过科学的预测和决策，通过一定的渠道，采用一定的方式，利用内部积累或外部资金供给者筹集资金，以保证经济活动对资金的需要。

第一节 内源融资概述

一、内源融资的含义和特点

根据投资与储蓄的关系，融资方式可划分为内源融资和外源融资。内源融资又可称为内部融资，是指企业在生产活动中取得的收益不是用于当期的现金分红派息，而是留存于企业用于开展生产经营活动。内源融资的实质是企业所有者向企业追加投资，即自身积累。企业的盈利只要没有以现金形式分红派息，没有离开公司，就是内源融资。送股作为一种分红形式，其性质只是会计科目的调整，并没有减少公司积累的规模，所以仍属于内源融资的范围。以公积金转增股本，不属于分红性质，完全是公司出于管理需要而对会计科目进行的调整。

企业所有者投资创办企业的目的就是获得投资收益。企业通过开展生产经营活动或其他投资活动赚取的利润在提足法律规定的公积金之后就应该分配给投资者。但考虑到未来的发展需要，企业也可以不进行现金分红，而将所获取的收益留存下来，用于开展生产经营活动。相对于外源融资，内源融资作为企业的一种重要融资方式，一般具有以下特点：

（一）内生性

内源融资是企业将其原始资本积累和剩余价值资本化的过程，不需要通过其他金融中介，因而具有内生性。内源融资取得的资金是企业产权所有者的自有资本，是企业承担民事责任和自主经营、自负盈亏的基础。此外，内源融资还是企业进行外源融资的保证，因为投资者将根据企业的内源融资能力来衡量对其投资的风险，进而影响企业进行外源融资时所能取得的融资规模和资本成本。

（二）成本低

相对于外源融资，内源融资不需要支付利息或股利，不会减少企业的现金流量，也不需支付任何融资费用，因而融资成本相对较低。

（三）具有产权控制权

企业权益资本的多少及分散程度对企业剩余控制权和剩余索取权的分配具有决定性的作用。内源融资具有产权控制性特征，通过内源融资方式融资，既可以避免银行或债权人对企业进行一定的控制，又可避免股权融资对原股东控制权造成的稀释。因此，内源融资增加了原股东的剩余索取权，使原股东享有更多的经济利益。

（四）有利于企业降低财务风险

财务风险是指企业由于举债而给企业财务经营成果带来的不确定性。企业进行内源融资，不存在偿付风险，不会产生到期还本付息或支付股利的压力。企业内源融资取得的资金在资本结构中所占比例越大，企业的财务风险越小。

二、内源融资的方式

内源融资主要来自企业内部自然形成的现金流，在数量上等于净利润加上折旧摊销后减去股利。企业内源融资方式主要包括自筹、折旧、留存收益、内部集资、股利政策、变卖资产等。

（一）自筹融资

在民营企业初创阶段，企业的资金主要是由创业者通过动用个人存款，向亲戚、朋友借款等方式自己筹集的。此外，寻找天使投资者也是一种极为重要的内源融资方式。

个人存款主要指民营企业创业者自己积累的储蓄。在企业的创立和经营过程中，创业者完全可以利用企业分发在自己账户里的资金来投资，还可利用除此之外属于自己的一切有价资产取得现金再进行投资。这是内源融资的方式之一，固然具有内源融资成本低的特点，并且资金的运用完全受创业者控制。

向亲戚、朋友借款也是企业初创阶段的一种重要融资渠道，但为了避免将来可能发生的纠纷，经常通过协议或合同的形式对双方的权责进行限制。有时还会采用合伙经营的方式，但一般都要签订书面协议。

天使投资者属于非正式的私人股权投资者，他们(如企业家或职业经理人)通过自己的勤劳和智慧积累了大量财富，有能力支持一些小型的创业项目。而且，他们提供的不仅是一笔资金，更为重要的是，他们通常能够给初期的创业者提供一些宝贵的意见。

(二)留存收益融资

留存收益是企业内源融资的重要组成部分，是企业在经营过程中形成的内部资本来源，主要包括提取公积金和未分配利润获得的资金。留存收益的具体方式为不对当期利润进行完全分配，只是将盈利的一部分进行分配或向股东发放股票股利而不发放现金股利，这样，就不会减少企业的现金流量。留存收益融资的优点是：可以进一步增强企业的实力，还可以增强企业外源融资的能力；可以通过减少企业的债务资本而降低财务风险；由于不需支付利息或股息，所以成本低。留存收益融资是企业融资方式中成本最低的一种，也是企业内源融资方式中主要的一种。当然，这种方式也有一些不足，比如公积金的提取要受国家相关法律的限制。

(三)内部集资

内部集资是企业通过向其职工或管理者募集资金而满足生产发展需要的一种融资方式。对于处于创业初期的民营企业来说，由于缺少固定资产、信息不透明，银行往往不愿意贷款给民营企业，限制条件比较多。在这种情况下，内部集资就成为一种很重要的融资方式。

组建股份合作制企业，是民营企业吸收内部职工资金的主要方式。这是一种全员入股的资合与人合相结合的企业组织形式，它一方面可以调动全体员工的生产经营积极性，另一方面则可以扩大企业的资金来源，将全体职工的闲散资金积聚起来，发挥规模效应。发展状况良好的股份合作制企业可以转化为股份制公司，直至最后争取上市，进而突破融资的障碍与瓶颈。组建股份合作制企业还可以克服民营企业传统的家族式管理的弊端，使民营企业走上开放式经营与管理，向最终建立规范的现代企业制度迈进。但由于企业规模有限，内部集资通常只能作为企业一种辅助的融资方式。

(四)股利政策

股利政策是指企业如何在留存盈利和股利支付之间进行选择以达到资源的最优配置。适度的股利政策有利于公司股权结构的稳定以及经营的稳定，实现公司价值最大化并增强企业的内源融资能力。适度的股利分配政策是一个周期概念，而不是一个年度概念，即对于任意一家公司，应当在其产业周期内保持相对稳定。但股利政策不是一成不变的，而是随着公司发展阶段的更替而做相应的调整。

对于处于初创期的企业，比较适宜采取低股利加额外股利的高弹性股利政策。因为初创期的企业投资目标已经确定，不用立即去寻找其他投资机会，利润留存比例可适当小一些，大部分用于分发红利，以吸引投资者关注本企业，树立企业在公众中的形象。

对于处于成长期的企业，适宜采取剩余股利政策，即企业的税后利润在满足所有可行的投资项目之后，若有剩余，则进行股利派发，否则就不进行。处于成长的企业由于经营得当，企业规模扩张的要求比较强烈，并且面临的投资机会较多，如果能获得充足的资本，企业发展速度就会更快。此阶段，企业需要集中力量，竭力以最低成本获取足够多的资金，最有效的措施便是大量留存利润，利用自有资本来避免举债或多分股利。处于成长期的企业在获得大量利润的情况下，如果提高利润留存比例，会相应降低股票利息，从而减少企业利润外流。巨额利润以利润留存形式进行再投资，能够优化企业的资本结构，进而促进其高速发展。

对于处于成熟期的企业，适宜采取稳定股利额政策。处于成熟期的企业在本行业的经营经验丰富，已有稳定的市场占有率，获利能力稳定，有能力维持比较稳定的股利发放额。同时，由于企业生产的产品已趋成熟，需要开发新的产品或服务项目，以便调整经营结构来寻求新的利润增长点。因此，企业就必须保证有一定的研发资金投入。企业可从利润中拨出一部分资金满足股利政策需求，将剩余资金用来满足研发的资金需求。许多作为长期投资者的股东(包括个人投资者和机构投资者)希望企业股利能够成为其稳定的收入来源，以便安排消费和其他各项支出，稳定股利额有利于企业吸引和稳定这部分投资者的投资。采用稳定股利额政策要求企业对未来的支付能力做出较好的判断。一般来说，企业确定的稳定股利额不应太高，要留有余地，以免形成企业无力支付的困境。

(五)折旧融资

折旧融资就是把折旧基金转化为积累基金。这是企业重置固定资产，增强当期内源融资的一种重要方式。企业可通过采用缩短折旧时间、加速折旧等方式进行固定资产和无形资产的折旧摊销，以增强企业内源融资能力。缩短折旧年限，是指企业通过提高厂房、机器设备等固定资产的折旧率而进行融资的一种形式。这种融资方式可以增加当期折旧额，使企业提前拿到固定资产的折旧资金，增加当期可用资金，能够在很大程度上缓解企业资金短缺的困难，这对于资金普遍短缺的民营企业来说具有很大作用。同时，折旧额的增加能降低企业应纳税利润额，因为在两家企业营业利润相同的情况下，折旧摊销额大的企业税前利润较少，也相应减少了当期应纳税额，从而增加了企业的可用资金。但如果到折旧期结束时不能按期收回折旧资金，则将极大地影响企业的固定资产更新、技术改造。

（六）变卖融资

变卖融资是把企业某一部门或部分资产清算变卖来筹集所需资金。这种融资方式是通过将企业暂时闲置或长期不用的资产变现来筹措企业所需的营运资金或用来购买新的资产。这种融资方式速度快，适应性强，但是资产变卖的价格很难准确确定，变卖资产的对象也很难选择，因此，要注意避免把未来可能产生高利润部门的资产廉价卖掉。

在变卖资产前，企业要先抽选有丰富经验的技术人员组成变卖资产小组，制订资产变卖计划。计划包括拟定变卖的资产对象、资产出售原则、费用概算等。一般来说，选择确定的变卖资产应该是与主要生产经营活动关系不大、盈利能力低于同行业一般水平、清算价值高于账面价值的资产。

确定了资产变卖的对象以后，要进行可行性研究，从经济学角度、市场发展趋势等方面仔细分析变卖资产与企业全局生产经营的关系，进而确定资产变卖的时机，对变卖资产进行科学评估。一般要选择那些准备扩大生产规模，以及经营与本企业有关配套产品的关联企业作为买主，并对买主进行必要的审查和调查。在对买主进行审查以后，通过谈判达成交易协议，完成出售资产的全过程，变死资产为活资金。

三、内源融资的成本

所谓融资成本，是指融资主体为筹集和使用资金而付出的代价，包括资金筹集费和资金占用费两部分。资金筹集费是指在资金筹集过程中支付的各项费用，一般属于一次性支出。资金占用费是指因使用资金而发生的经常性费用，如股息、利息等。企业内源融资的资金来源主要是留存收益，它是企业在支付股息之后的税后利润，实际上是普通股权益的增加。普通股持有者虽然没有以股息形式取得这部分收益，但是可以从股票市值的提高中取得补偿，留存收益实质上是股东对企业增加了投资。

留存收益经常被认为是一种不花费成本的企业内源融资方式。但事实并非如此，因为从少数股东的观点来看，企业的留存收益是可以作为股利派发的。如果股东获得这部分股利，就可以用它进行投资获利。因此，企业的留存收益就会涉及机会成本，这种机会成本就是留存收益的资金成本。

(一)内源融资的资金筹集费

如果不将留存收益作为企业积累资金，而是分配给股东的话，必将产生一系列成本。首先，需要分红费用。分红的过程需要企业内部相关工作人员付出劳动，许多情况下，还需要银行的工作人员付出劳动，因而要向银行支付报酬。有时还需要投资者本人付出劳动，如股东亲自领取红利。此外，办公用品和交通费等相关的费用消耗也难免会发生。其次，要支付红利所得税。投资者赚取 100 元的收益，如留存于企业作为积累资金，相当于投资者新投入 100 元资金进入社会再生产过程。但如果用于分红，假设红利的所得税率为 20%，则分到投资者手里时就只有 80 元了。当投资者找到合适的投资机会进行投资时，也就只有这 80 元资金可投。虽然留存于企业的这部分资金在赚到了更多的收益以后，最终还是要分红、交所得税，而且是更多的所得税，但如果现在分红的话，可以进行新投资的资金就只是一个扣税以后的金额了，而用这个扣税以后的资金去投资，获取的收益还是要交税的。再次进行新投资也需要费用。

(二)内源融资的资金占用费

内源融资的资金占用费即指内源融资的股息、红利成本。以内源融资方式融资，相当于股东自己追加投资，赚了钱以后属于股东自己所有，赚得多说明收益高。但内源融资方式融资，其利息或股息成本并不为零。这种方式下的利息成本，是一种机会成本：如果不将收益留存于企业，而是以红利的方式分配给股东，让股东将其投入别的地方去，股东则可以获得一些投资收益。现在没有进行分红，而是将收益留存于企业，股东的这部分收益就失去了，这部分失去的收益就是股东付出的代价。假设某股票投资者从企业分取红利后继续进行股票的投资(即使某投资者拿到分红后去开办工厂，依然可以这样假设。因为即便没有分红，该投资者照样可以抛掉股票，撤回一部分资金去开办工厂。因此，一般来说，没有分红意味着投资者少了一笔在别处进行股票投资的资金)，其机会成本收益率就等于将这部分资金投资于股票市场的平均收益率，即市场利率。

由此可知，留存盈利的资金成本较低且风险小，对民营企业非常有利。留存盈利对股东尤其是大股东特别有利，因为企业的留存股利多意味着用于再投资的股利也多。如果企业用留存盈利进行再投资，不仅可以获得生产带来的收益，而且可以获得所持有股票市值的波动带来的收益(即资本利得)；如果将留存盈利全部用于分发现金红利，则这两方面的利益都将损失。所以，在正常经营状况下，股东更倾向于将收益留存于企业进行再投资。

四、内源融资的效率分析

20 世纪 60 年代，有学者专门针对企业的融资问题进行了认真的调查研究，得出一般企业的融资顺序如下：首先，企业愿意利用内生现金流融资，即优先使用留存利润和折旧。每股的红利水平根据预期产生的现金流和未来的投资机会而制定。目标红利水平使得内生现金流(即留存收益)能适应资本支出的要求，且每股的红利水平具有稳定性。其次，如果内生现金流除合适的资本支出外仍有剩余，则用于偿还负债或购买有价证券；如果内生现金流不足以支付全部的投资项目，将出售有价证券以获得足够的资金。最后，如果有价证券不便出售，或出售后仍不能满足资本开支的需要，则进行外源融资。而进行外源融资的第一顺序是发行普通债券，接着是可转换债券，之后才选择发行普通股票。

美国经济学家迈尔斯于 1984 年提出了关于企业融资顺序的啄食理论，即当公司要为自己的新项目进行融资时，将优先考虑使用内部的盈余，其次是采用债券融资，最后才考虑股权融资。也就是说，内源融资优于外源融资，债权融资优于股权融资。因为内源融资不需要实际对外支付利息或者股息，不会减少企业的现金流量，内源融资的成本远远低于外源融资。

为了加深对内源融资的理解，下面从融资效率的角度对内源融资、银行融资和股权融资三种融资方式进行比较。融资效率是对在一定时间、一定空间界限内某种融资方式的融资投入与产出的评价。对于一个企业来说，融资效率的高低将直接决定一种融资方式的优劣。影响融资效率的因素主要包括资金成本、资金利用率、融资机制规范度、融资主体自由度和清偿能力等。

(一)资金成本

资金成本是指使用资金所付出的代价。资金成本和融资效率成反比，资金成本低则融资效率高，资金成本高则融资效率低。银行融资需要支付利息，股权融资需要付出相应的筹资费用。而内源融资是企业将自己生产经营过程中产生的利润转化为积累资金，这种融资方式表面上不需要付出代价，不会产生成本，但实际上也有成本问题，如机会成本、税收成本等。相比银行融资和股权融资来说，内源融资的资金成本要小得多。企业在成长的初期阶段，内源融资在融资来源中占据主导地位；而在成熟阶段，因为资金缺口的存在，内源融资再次成为企业的主要融资来源。

(二)资金利用率

资金利用率包括以下几个方面：

第一，资金的到位率。股权融资所筹资金须减去为筹集资金所花的费用，银行融资则因为受担保等条件的限制，所筹资金不能全额到位；而内源融资只要企业决策者做出决策，即可将企业的利润留在企业内部自主安排使用。股权融资会有股本募集不足的风险，而银行融资会有贷款资金不到位的风险。相比之下，内源融资的资金到位率最高。

第二，资金利用的充分性。在我国，企业通过股权融资获取的资金在使用上经常出现一些问题。许多新上市公司溢价发行股票，募集了大量资金，却没有合理的投资方向和详细的投资计划，使得资金的效用大减，甚至存在大量资金闲置的现象。而银行融资一般是企业因为无钱而借贷，通常会较合理地确定资金的需要量，并且要通过银行对其财务状况进行详细的审核，银行提供的贷款只会少于企业的需要，而不会多于其需要。内源融资的资金经常是在企业选定了合适的投资项目时才决定将利润留存于企业，让其用于再投资，以便扩大生产的，所以，利用较为充分。

第二，资金的到位时间。银行融资和股权融资均须按法定程序进行，有一定的时间成本；而内源融资可由企业随时投入，到位及时。因此，内源融资的资金利用率最高。

(三)融资机制规范度

融资机制规范度其实反映了一个国家或地区资本市场的成熟度。机制规范的资本市场融资渠道多，风险小，融资效率高；反之，隐性成本高，风险大，融资效率低。就目前来看，我国的资本市场尚没有达到成熟状态，上市公司少、运作不规范、门槛高，还不能完全满足民营企业的融资需求。因此，相比较以金融系统为主体的债务融资来说，股权融资的机制规范度发展里程短，机制规范度低。而内源融资在建立现代企业制度之前，几乎没有什么规范，部分企业即使建立了现代企业制度，在公司法和新会计制度的约束下有所规范，但是与股权融资和以金融系统为主体的债务融资相比，其机制规范度还是比较低的。所以，从融资机制规范度考虑，内源融资的机制规范度最低。

（四）融资主体自由度

融资主体自由度是指融资主体受法律、规章、体制或者相关政策约束的程度。股权融资主体受证券市场股权分散化、股民用脚投票的制约，其自由度受到一定的限制。但企业通过股权融资获取资金以后，通过一定的表决程序，可以比较容易地变更募集资金的投向，只要及时披露即可。由资本结构理论可知，银行融资对债务人的约束程度比较大，相关的权利和义务在借款契约中有明确的规定，并有违规处罚的条款。大笔或经常性的贷款还会由银行派出的贷款经理进行日常监督。此外，还有还款期限的限制。因此，在三种融资方式中，银行融资的资金在数量、用途和时间上均受银行的限制，企业的自由度最小；股权融资的资金用途要受到股东的监督，企业的自由度适中；而内源融资的资金用途则由企业自主决定、灵活调度，受其他因素的约束较小，自由度最大。

（五）清偿能力

清偿能力是指用借款偿还期和资产负债率等指标反映的企业偿还借贷的能力。股权融资只要把资金投入企业就不需要偿还本金（除非企业破产），因此不会产生因不能偿债而产生的各种风险和不利影响，无清偿压力。内源融资具有股权融资同样的性质，既不需要偿还本金，也没有清偿压力。而债务融资是需要还本付息的，可能产生因不能清偿债务而带来的风险和不利因素，有较大的清偿压力。对于处于成长初期的民营企业来说，受风险大、盈利差、资信低、借款逾期不还的概率高等因素的影响，使得其融资效率大大降低。

综上所述，可以看出在这三种融资方式中内源融资效率最高，是比较理想的融资方式。因此，我国的民营企业为了加速自身的发展，应从经营利润的积累、出售资产的收入、流动资本的节减、应收账款的回收、折旧准备的计提等方面不断加强其内源融资的能力。

第二节　我国民营企业内源融资分析

内源融资是一个企业生存和发展的基础，企业如果没有一定的自我积累能力，单纯依靠外源融资是难以健康发展的。在民营企业建立之初，由于企业尚无正式产品以及销售渠道，也无产品销售收入，却需要大量投资，此时，要获取外源融资是非常困难的，所以，内源融资是企业初创期的首选融资策略。但是处于创业初期的企业由于内源融资渠道单一，融资难度很大，因而绝大部分的创业资金都来自私人投资者。随着企业的逐步发展壮大，企业内部积累也会逐渐增多，从而会有更多的留存收益，如果能够提高企业折旧摊销的比例，那么，企业的内源融资能力便可以迅速提高，形成良性循环的状态。换言之，内源融资可以促进民营企业的发展壮大，与此同时，企业的发展也会提高其自身的内源融资能力。

一、我国民营企业内部环境的特点

经过 30 多年的发展，民营经济已经成为我国国民经济的重要组成部分。随着全球经济发展速度的加快，民营企业在一国经济的发展中将发挥更为重要的作用。虽然我国经济一直保持着较快的增长速度，但民营企业的融资问题一直是阻碍其快速发展的一个瓶颈。融资难一方面是因为政府和社会给予民营企业的扶持力度不够；另一方面则是民营企业自身的内部环境存在一系列问题。

(一)普遍规模小

相对于国有企业，民营企业的规模一般都比较小，多属中小企业。根据中小企业界定标准的规定，销售额在 30 000 万元以下和资产在 40 000 万元以下的企业属于中小企业。但从实际情况来看，民营企业的平均规模比理论上的还要小得多。平均收入最高的是化工行业，其收入额为 3 862 万元，远远小于 30 000 万元的规定，平均收入最低的是商业服务业，其收入额仅为 584 万元，并且其总收入还以每年 7%的比率下降。

民营企业普遍规模小的特点使得其向银行贷款时受到一定的阻碍，并且规模越小，则被银行拒绝贷款的次数越多，同时，收到银行贷款的比例也越小。不同规模的民营企业被银行拒绝贷款的次数的最大差距达到 54.52%，而收到银行贷款的比例的最大差距达到 41.7%。

与民营企业规模小相伴随的，往往是其成立时间短。企业成立时间在两年以内的被拒绝次数和成立时间在八年以上的被拒绝次数相差达 37.46%，银行贷款比例相差达 34.9%。

(二)偿债能力低

民营企业由于其规模小，资金实力比较薄弱，抵抗风险能力也较差，致使其偿债能力偏低。民营企业短期偿债能力指标中的流动资产比率逐年上升，表明其短期偿债能力有所提高，但比率偏低。而长期偿债能力指标中的资产负债率逐渐下降，非流动负债比率虽有一些起伏，但总体仍呈下降趋势，表明民营企业的长期偿债能力正在不断减弱。

（三）科技水平低

企业对人才投入的多少会直接影响到企业的科技水平。大多数民营企业中的高学历员工比率偏低，尤其是建筑和建材行业，其高学历员工比例几乎接近于零。民营企业对研发人才的投入比率只有在属于技术密集型行业的电子电器行业稍高，分别为3.40%和3.26%。民营企业总体科技水平比较低，技术创新意识不足、科研经费少、研发人才短缺、设备更新缓慢，这些都严重影响了民营企业的未来发展。

此外，某些民营企业为了利益经常采用一些不合法的手段进行生产或竞争，如在生产过程中使用有害原材料、采用非法生产方式或者模仿其他企业的产品。这些做法最终影响了民营企业自身的竞争力和长期营利能力，进而使得发生财务危机的可能性大大增加，降低了自身的融资能力，形成了生产和融资的恶性循环。

（四）经营者能力有限

民营企业的发展状况在一定程度上取决于企业家的能力、胆略和气魄。企业家的能力通常可以用战略能力、处理经营问题能力和竞争策略规划能力三个指标综合起来进行反映。大多数行业的民营企业组织能力都在60分以下，也就是不及格，电子电器行业刚及格。只有商业服务行业的分值较高，为89.62分，主要原因是商业服务业灵活性强，企业主每天要处理各种各样的突发事件，对能力的要求自然也比较高。

（五）人才资源开发不足，企业管理水平低

一个企业的人才资源对其长远发展起着至关重要的作用，而多数民营企业对人才资源的重要性认识不够。电子电器行业的员工学历结构变动比率不高（为7.4%），表明企业对人才重视不够，对人才的引入缺乏积极性；人均工资水平不高（为8 100元）且变动速度比较小（为1.1%），表明企业对人才资源的资金投入不足，对员工培训的重视程度也极为欠缺。化工行业的员工学历结构变动比率较快（为11.3%），表明企业积极引入人才；但人均工资水平不够高（为10 100元），并且变动速度也比较小（为3.6%），表明企业的物质投入不够，对培训的重视程度也属于一般水平。

人力资源开发不足，企业管理水平低下，容易形成无序状态。比如，部分民营企业没有长期的战略规划或者战略执行由于缺乏有效的监督而被企业主随意地改动，企业的规章制度对家族管理层约束力太弱，企业的财务管理混乱等。这些都对民营企业的长远发展形成了制约。

(六)信用普遍较差

不管是对于个人还是企业，我国历来都非常强调信用，但随着现代市场经济的发展，信用的缺失却越来越严重。有学者专门针对江苏镇江2016年60余家分布于不同行业的民营企业信用状况进行了调查。其中，企业信用等级处于A级及其以上的占65%，处于A级以下的占15%，还有20%的企业从未进行过信用等级评估；认为民营企业整体信用状况一般和较差的比率为65%，超过一半的企业管理者认为企业信用状况并不理想，大约有73%的企业认为拖欠货款是造成信用不佳的主要原因。另外，虽然有25%的民营企业认为自己的信用管理制度完善，但其中只有很少的企业能完整回答信用管理制度的内容。

二、我国民营企业采取内源融资的原因

我国多数民营企业主要依靠自我积累、自筹资金发展壮大，内源融资的比例一般都比较高，这与我国国有企业的融资结构恰好相反。据调查统计，在民营企业的主要资金来源中，内源融资所占的比例平均为90.5%，而银行贷款所占的比例为4.0%，非金融机构融资所占的比例为2.6%，其他渠道融资所占的比例为2.9%。我国民营企业的内源融资比例明显高于资产负债率总体在80%左右的国有企业的融资比例。

发达国家企业大多是主动进行内源融资，而我国的民营企业则是由于多种因素很难获得外源融资，而不得不采取内源融资，即我国民营企业首选内源融资是被迫的。

(1)我国民营企业外源融资环境不利。在经济改革与发展的过程中，我国企业一直面临着比较大的资金缺口。在现行经济体制下，银行等金融机构和资本市场主要用来满足国有企业的巨大资金需求。国有企业过高的资产负债率以及不合理的资本结构一直都是困扰我国经济发展的难题。不管是金融机构还是资本市场，根本没有能力也没有动力去满足民营企业的融资需求。

(2)金融机构主要追求资金的安全性和营利性。由于民营企业的失败率较高，信用状况整体较差，所以向民营企业发放贷款的风险经常是比较高的。银行等金融机构出于资金的安全性和收益性考虑，往往对民营企业贷款提出极为苛刻的信用条件，如要求其提供高质量的固定资产进行担保，而民营企业经常难以找到这样的抵押物或担保单位。

(3)我国民营企业上市融资困难。我国资本市场发展不完善、不充分，再加之企业上市的条件较高，最终导致民营企业很难从资本市场上获取资金。无论是在

我国这样的发展中国家还是在美国等发达国家，资本市场都主要是大型企业、著名企业和政策扶持企业的融资场所。

(4)我国民营企业自身存在一系列问题。一是民营企业多属中小企业，受资本实力的限制，其从事的项目大多属于技术含量较低、市场准入门槛不高、竞争比较充分的领域，经营失败的可能性比较大。二是民营企业的财务管理与监督机制一般都比较薄弱，并且没有一定的信用体系做保障，企业公开的信息与其真实的经营成果和财务状况不一定相符，使得债权人和投资人对其信任程度大大降低。

总之，我国民营企业的外源融资环境差，其融资难的诸多因素在短时期也不可能消除，内源融资方式在今后的相当长时期仍会占据民营企业融资的主导地位。任何事情都有两面性，从另一个角度来看，以内源融资为主的资本结构使得民营企业能够适应进一步的市场改革，有力地遏制了其对体制外金融的依赖。内源融资增强了民营企业的实力，扩大了企业的规模；反过来，企业实力的增强又提高了其内源融资的能力，从而形成了企业发展与融资能力的良性循环。

三、我国民营企业内源融资现状分析

我国民营企业虽然把内源融资作为其融资方式的首选，但其内源融资能力普遍较弱，没有形成自我积累的融资机制，抵御融资风险的能力极弱。

(一)财税负担重

从20世纪90年代后半期开始，我国的财政收入增长速度明显高于同期GDP的增长速度，并且两者的差距越大，说明我国财政税收的增长越快。但是我国财政收入的快速增长并不是完全建立在作为国民经济支柱的国有大中型企业快速发展的基础之上的，而是靠千千万万的民营企业来共同支撑的。国有大型企业对财政收入快速增长的贡献能力是有限的，其部分负担自然就落在了发展艰难的民营企业身上。

为了促进民营企业的发展，政府也在不断出台一些针对民营企业的税收优惠政策，但也存在一系列问题。一是税收优惠的对象并不直接针对所有的民营企业，而且许多政策以所有制形式作为划分标准，这样导致许多以私有制为基础的民营企业就被排除在外了；二是税收优惠政策不具有系统性和连续性，而且经常由不同的部门组织实施，这使得政策对民营企业的促进作用大打折扣。如《中华人民共和国中小企业促进法》虽然在税收优惠方面做出了规定，许多民营企业可以适用，但这仅仅是一个法律框架，缺乏具体的实施细则，操作性差，民营企业能够实实在在享受到的税收优惠很少，这样最终造成民营企业不能利用税收来增强其内源融资能力，进而促进企业发展。

（二）内源融资意识较差

从民营企业的发展阶段来看，创立阶段的企业资金一般源于创业者自己、向亲戚朋友借款或者天使投资，也包括少量的银行借贷资金。天使投资能否获得，主要看企业未来的发展潜力，并且针对的是高科技民营企业。除去这部分企业，大多数民营企业在创立阶段只能依靠自身积累资金和向亲戚朋友借款。但是，很多企业对自己定位不清楚，不了解自己所处的阶段，也不了解自己所处的外部环境，一味地寻求银行贷款、财政支持，结果只能是四处碰壁。其实，在创业初期，创业者应该更多地考虑自身因素，从自身出发，挖掘内源融资。

在企业的发展步入正轨之后，民营企业又经常存在“重消费、轻积累”的短期化倾向，在进行利润分配时，把大部分利润通过各种渠道转到自己名下用于消费，而真正留存于企业用于未来发展的资金却经常不足。民营企业缺乏长期的经营规划，利润多用于当前消费，不重视自身积累的加强，最终使自己陷入了通过负债进行经营，然后还债的恶性循环。企业不能实现可持续发展，其寿命也不能得以长久。

（三）内源融资源头不畅

第一，许多民营企业家缺乏科学决策能力。在实践中，多数民营企业内部没有形成一种良好的决策机制和监督机制。企业的决策不是由管理层或职工民主决定的，而是由企业主独断专行，缺少必要的可行性分析和论证，经常是依据其经验甚至是一时冲动而做出决策，很容易使企业陷入困境。

第二，民营企业的产品技术创新能力弱。产品结构不合理、质量不过关、产品技术含量低是大多数民营企业普遍存在的现象。此外，许多中小民营企业的产品缺乏竞争力，而且不注重对新市场进行开拓，导致市场占有率极低，最终被市场淘汰。

第三，民营企业的财务管理能力比较低。一是许多企业对财务管理不予重视，而视其为可有可无的工作，其财务管理体系自然也不会健全完善；二是缺乏高素质的财务管理人才，使得企业的财务系统比较混乱；三是缺乏规范的资金使用计划，内部资金调度随意性大，重视利润而不重视对现金流的管理，资金营运能力弱。

第四，民营企业的资金利用率低。我国经济学家厉以宁认为：“市场也是靠人来开拓的，筹集的资金再多，如果运用不当，决策欠妥，那就不能给公司带来收益，甚至会成为累赘，变成包袱。”民营企业对资金的利用经常走入两个极端：一部分民营企业对资金格外珍惜，轻易不会进行投资；另一部分民营企业则大胆投资，从而引发道德风险。这两种投资倾向都会不同程度地降低企业对资金的利用率，影响资源的最优配置，最终限制了企业的长远发展。

正是这些原因，导致民营企业管理水平低，盈利能力差，使得企业的内源融资源头不畅，来源匮乏。

四、我国民营企业内源融资问题的解决措施

民营企业的内源融资是我国经济中一个极具现实性的重要问题。内源融资对于民营企业，特别是中小民营企业来说，是一种非常适宜的融资方式。加强内源融资有利于保障企业所有者权益，正确反映企业的资产负债情况；有利于企业准确计算盈亏，反映企业的经营成果；有利于企业健全自负盈亏、自我发展和自我约束的经营机制；有利于企业资源的优化配置；有利于企业提高经济效益，增强市场竞争力。因此，必须高度重视民营企业的内源融资，并认真落实有关民营企业改革和发展的政策，不断加强民营企业的内源融资，实现民营企业的可持续发展。

(一)逐步取消民营经济发展的体制约束

(1)将民营经济发展纳入经济社会发展总体规划。政府应该通过专门部门制定关于民营经济发展的总体规划，并将其纳入国民经济和社会发展的总体规划当中，按照国家产业发展和区域发展的总体要求，不断加强对民营企业发展的政策引导，对处于创业期的民营企业给予帮助，使其快速平稳起步。地方政府也要将民营经济发展纳入当地的经济社会发展规划之中，从全局的角度做出恰当安排，在民营企业的筹建、发展、融资、管理、监督以及法律保护、社会保障等方面，给予切实有力的帮助和扶持。

(2)为民营企业创造一个平等的市场竞争环境。在企业融资和税收政策等方面能够获取与国有企业相同的待遇是民营企业普遍的、合理的要求。政府应该努力消除制约民营企业发展的制度因素，重新审查有关民营企业发展的法律法规和相关政策，尽力消除在金融、税收、价格、土地征用、市场准入等方面的歧视待遇，鼓励民营企业做大做强。

(3)保护民营企业的合法财产权。私有财产得不到应有的法律保护，社会主义也难以发展壮大。尽管有关私有财产的保护已经写进了我国宪法，但是相关法律文件中有关民营企业、民营经济财产保护的条款还有待进一步完善。只有制定出可操作性强的政策，民营企业才能切实维护好自己的权益，真正摆脱有关主管部

门和监督执法部门的乱收费、乱罚款和乱摊派，避免侵权现象的发生，从而增强民营企业的内源融资能力。

(4)为民营企业家的成长创造环境。由于受到诸多制约自身发展因素的影响，大多数民营企业的创业者和经营者还远没有达到一个真正企业家的要求。要想使民营企业的创业者和经营者成为一个真正的企业家，政府就应该努力创造使其自身不断接受教育和再学习的良好社会环境，还要努力实现产权机制的转型和社会法制的完善，为企业家的成长创造良好的法制环境。

(5)改善和加强对民营企业的宏观管理。目前，有关民营企业的管理存在诸多问题，其中极为关键的一个就是政出多门，各自为政，缺乏统一的指导和协调。为了改善和加强对民营企业的宏观管理，政府应该组织相关部门加强对民营经济和民营企业的理论研究，逐渐探索出一条具有中国特色的支持民营经济健康发展的道路；政府各职能部门应加强内部的协调，形成合力，正确鼓励和引导民营企业的发展；积极发挥民营企业自我管理、自我服务的商会、协会、行业公会等自律组织的作用，不断提高民营企业的素质。

(二)创新税制安排，降低投资成本，提升民营企业盈利水平

民营企业内源融资的能力和规模与政府的税制安排以及税费征管体系的联系十分密切。如果政府税费征收过高、过多、过滥，就会直接影响民营企业的留存收益的积累，进而严重削弱民营企业内源融资的能力与规模。1994 年，我国实施分税制改革取得了成功，但也存在一系列问题，如对中小民营企业征税过于苛刻和严厉。一是对民营企业实行双重征税。如对合伙制企业和个人投资企业，既要征收个人所得税又要征收企业所得税，这使得本来就融资困难的民营企业的负担更加沉重，限制了民营企业的获利与留利空间。二是有关一般纳税人认定标准的规定不合理。据此标准，许多中小民营企业特别是民营科技企业和个体私营企业都被列入了小规模纳税人的范畴。根据税法的规定，小规模纳税人不允许使用增值税专用发票，也不允许抵扣进项税额，这不仅增加了民营企业的税收负担，而且一定程度上减少了民营企业的业务数量。三是对民营企业的税外收费缺乏管理。名目繁多的税外乱收费、乱摊派，进一步加重了民营企业的负担，限制了民营企业的发展。

为了增强民营企业内源融资的能力与规模，实现民营企业的可持续发展，必须对我国的现行税制安排做出修改和调整。

(1)取消对部分民营企业进行双重征税的不合理规定，对任何形式的民营企业都只征收企业所得税。

(2)进行增值税改革，消除对民营企业的不公平待遇。建议取消增值税一般纳税人与小规模纳税人的认定标准，企业应不论所有制和规模大小，只要有固定经营场所，财务制度健全，会计核算资料完备，都应享受一般纳税人的待遇。考虑到该项改革对国家财政收支平衡的影响，可先在部分企业进行试点，获取经验后再推向全国。试点企业可以选择国家重点扶持的高新技术产业和资本有机构成高的能源、交通等基础产业中税负偏重的企业。

(3)实行一税制。各类企业不再区分内资、外资、国有、私营，也不论股份制还是混合联营，都应执行相同的所得税制度。逐步实现各类企业所得税在税率、税基及其他政策待遇方面都相同的一税制。

(4)在统一内外资企业所得税的基础上，借鉴外国经验，通过立法规定对中小民营企业实行优惠税率，强化对民营企业的财税支持和援助。

(5)立法规范收费行为，坚决打击和取消各种形式的税外不合理收费行为。

(三)完善民营企业制度建设，加强经营管理

增强民营企业内源融资能力是解决民营企业融资难问题的关键。要解决民营企业内源融资弱的问题，首先要完善企业的制度建设，规范企业的治理结构。在具有良好企业制度的前提下，加强民营企业的经营管理，提高民营企业的盈利水平。此外，民营企业还要形成有效的自我积累机制，在政府的扶持下，不断增强内源融资的能力。

(1)强化资金管理，加强财务控制。努力提高资金的利用率，优化资源配置。首先，应使资金的借贷期限和运用期限相一致。如不应用短期借款来购买机器设备等长期使用的固定资产，以免因到期不能偿还贷款而产生偿债风险。其次，应尽量准确预测资金的收回和支付时间。如应收账款的收回期限、原材料的采购时间等，都应尽可能做到准确的预测。否则，容易造成收支失衡，导致资金周转困难或资金闲置。最后，应合理地进行资金分配，使流动资金和固定资金的比例相协调。

1)加强对企业财产的控制。建立健全财产物资管理的内部控制制度，在物资采购、领用、销售及样品管理上建立规范的操作程序并严格遵守，维护资产安全。对财产的管理与记录实行职责分离，以形成有力的内部牵制，不能把资产的管理、记录、检查核对等不相容职责交由一个人完成。定期检查、盘点财产，促使管理人员和记录人员时刻清醒自己的职责。

2)加强对存货和应收账款的管理。加强存货管理，尽可能减少不合时宜的库存物资，避免占用资金，并以科学的方法来确定企业存货的最佳结构。加强应收账款管理，不断对赊销客户的信用进行追踪，定期核对应收账款，制定完善的收款管理办法，严格控制账龄。对确实无法收回的坏账、呆账，要在取得确凿的证据后，进行妥善的会计处理。

(2)加快企业技术改造和产品创新，提高市场竞争力。在现代社会，科技创新成为各国经济竞争的主要方面，技术进步的速度越来越快。民营企业作为新思想、新发明的源泉，在知识经济的时代面临着更多的机遇和挑战。多数民营企业由于受人力和物力的限制，往往缺乏自主创新意识，没有自己的独立品牌。民营企业可与高校或研究所进行各种形式的科研合作和交流，或者通过社会服务体系提供的技术支持，充分利用政府的扶持政策积极建立企业自己的研究机构，通过为大企业技术创新提供配套服务而间接提高自身产品的科技含量。在这场新技术革命中民营企业应该发挥自身所长，走高科技发展之路，充分发挥人才的创新精神，依靠科技成果，加速企业技术的改造，不断推出高质量的新产品，从而提高企业的竞争能力。

(3)重视企业战略管理。加强企业管理的关键是要制定一系列科学、合理、符合市场经济规律的规章制度，并强调纪律性，要求企业从上到下严格执行，抑制企业管理中的随意性和主观性，从而使民营企业的财务、生产和质量等管理工作趋于正常化、制度化和规范化。由于民营企业先天力量薄弱，单纯依靠其自身实力来实现产业结构的调整难度比较大，因此，民营企业尤其是中小民营企业要尽可能与大企业建立相对稳定的分工协作关系，形成以大企业为核心，中小民营企业与其分工协作的纵向生产关系。在此体系中，大企业可以为中小民营企业提供一定的资金和技术支持，而中小民营企业则可以获得稳定的产品销售渠道，最终降低中小民营企业的营销成本，避免了互相之间的恶性价格竞争，从而可以维持一定的利润率，使中小民营企业可以集中精力提高其产品质量和技术水平。

(4)强化企业自我积累机制。民营企业应加强和完善内部控制制度和财务约束。企业应制定详细的具有可操作性的成本管理、财务收支和其他财务制度，避免企业随意摊销成本，协调好职工奖励和留存收益的关系。

建立严格的企业折旧制度和折旧基金使用制度并监督执行；加大固定资产折旧的提取比例，在税收等制度上实行强制折旧，加快折旧速度，增强企业当期的资金积累；明确折旧基金的使用范围和途径并严格监督，保证折旧基金专款专用，使其真正用于固定资产等的更新改造。

加大企业提取盈余公积金的比例，完善以留存收益转增企业资本金的制度。民营企业应尽可能按照国家允许的最高限度提取盈余公积金，并与企业增资的要求相结合，定期将超出部分转增到企业的资本金账户中。

第六章　民营企业的间接融资

企业的资金来源主要分为内部融资和外部融资，内部融资主要包括企业的自有资金和利润留存，外部融资主要指发行股票债券和银行贷款。外部融资又分为直接融资和间接融资，直接融资是指从资本市场投资者手中直接获取资金，它包括企业发行股票和发行债券，间接融资是指企业从银行借入资金，它包括长短期贷款、国际银团贷款和BOT(建设—经营—转让)等。

第一节　民营企业间接融资现状、特点及融资难的原因

一、民营企业间接融资的现状和特点

(1)从全国看，整体金融机构对民营企业的贷款比重低，个体私营企业的比重最低。

改革开放以来，我国民营企业发展速度很快。但是，在全国金融机构的各项贷款余额中，民营企业所占比例最小。民营企业在国民经济中的地位与它们在间接融资体系中的地位极不相称。

(2)对以民营经济为主体的中小企业贷款，国有大银行与中小金融机构的态度和做法存在很大反差。国有大银行往往以民营经济为主体的中小企业财务制度不健全或缺乏抵押资产为由拒贷；但一些中小金融机构的信贷人员通过深入企业，掌握企业的实际生产经营状况，客观评估信贷需求和信贷风险，一般都能够较好地满足其信贷需求。国有大银行规定的贷款条件相对苛刻，将众多以民营经济为主体的中小企业拒之门外。如温州市某国有银行，贷款门槛至少有8道，如申请贷款的中小企业在负债率、贷款归还率、日均存款额、行业性质、股东结构、抵押等方面需要全面符合银行制定的标准。地方性中小金融机构虽然在满足以民营经济为主体的中小企业融资上发挥了重要作用，但由于中小金融机构资金实力的限

制，对以民营经济为主体的中小企业的信贷支持还有赖于国有商业银行，而实际上国有商业银行对以民营经济为主体的中小企业融资的服务还远没有到位，尚有相当的潜力可挖。如江苏、浙江两省地方性中小金融机构所占存贷款市场份额为1/4左右。目前，存款在进一步向国有银行集中的同时，国有银行贷款增长却反而放慢，这种现象持续下去，势必会加大中小企业信贷融资的困难。

(3)非正式金融仍是民营企业解决创业和企业运作资金的重要渠道。基于民营企业无法通过正常渠道满足资金需求的现实，在一些民营经济发达的地区，非正式金融活动便应运而生。尽管监管部门严格限制各种形式的民间融资活动，对民间"乱集资"活动严加取缔，但民间金融活动的客观存在仍是一个不争的事实。到目前为止，企业的主要资金来源仍然是自我融资和非正规渠道融资。根据调查，目前非正规渠道的融资方式大体有以下几种：

第一，民间借贷。尽管金融监管部门控制严格，但民间借贷市场不仅一直没有停止活动，反而十分活跃。由于民间借贷基本保证了每月1%的利率水平，在银行存款利率不断下调，同时又缺乏其他投资渠道的情况下，许多城乡居民都将手中的资金投入这一市场，从而保障了民间金融活动的资金来源。

第二，拖欠货款。目前大企业拖欠小企业货款、企业之间相互拖欠的问题相当突出，有的企业甚至全部依靠拖欠占用货款来周转资金。这种融资方式不仅使社会债务链问题更加严重，也导致了竞争环境和信用状况的恶化。

第三，私募股本。在政府决定设立创业板市场之后，一部分民营企业家利用人们抢创业板上市第一批行情的投机心理，以募集股本的方式筹集了不少资金。

第四，相互担保。几年前民营企业之间的相互担保比较盛行，但是由于风险很大，绩优企业已经不愿意为他人承担连带责任。目前在实践中出现了互保+债转股的新形式。即被担保方将企业股权作为反担保品抵押给担保方，一旦被担保方无力还债需要担保企业代偿时，担保方对被担保企业的债券即转为股权。这种融资方式由于需要综合考虑担保企业的发展战略，在实践中尚不普遍。

二、民营企业间接融资难的原因

(一)在间接融资体系中，金融体制改革滞后于经济体制改革

我国现行的金融体系建立于改革开放初期，基本上以服务国有经济的国有银行为主，缺乏与中小企业配套的中小金融机构，当我国的经济成分呈现出多元化态势时，各个不同的经济主体在融资中应占据不同位置的问题没有得到很好地解决，经济结构与金融结构的不对称性、信贷结构与需求的不对称性日益显露出来，

以民营经济为主体的中小企业在融资体制中自然处于不利地位。近年来，尽管国家开始重视中小企业金融服务问题，各家银行也都成立了中小企业信贷部，却收效甚微，矛盾的焦点主要集中在信贷的风险、成本和效率上。

(1)国有商业银行作为我国银行业的主体，长期以来一直以服务国有大企业、追求规模效益为经营宗旨，双方形成了兴衰与共的牢固关系。近年来，我国企业发展强调“抓大放小”“扶优限劣”，实行主办银行制度，使这种关系又得到了进一步强化。随着我国市场经济体制的逐步形成和完善，以及国际金融危机的警示和国内金融资产质量不高的现实，国有商业银行开始通过引进国际先进银行管理经验来进行业务运作，实行市场化的资产负债风险管理，把清理金融资产、降低不良贷款作为工作重点。为此，不得不在信贷管理制度上进行相应的变革，改革信贷管理权限，实施集约化经营，最大限度地压缩风险资产的比重，在资金核算与风险控制方面，提出了培育“双大”“双龙”等客户战略，集中资金投向大城市、大企业、大客户、大项目，这样一来，以民营经济为主体的中小企业贷款自然就在压缩之列。国有商业银行主观上的理性经营行为在客观上给以民营经济为主体的中小企业的融资带来以下负面影响：

1)造成基层行资金使用上存多贷少，严格的授权、授信制度又进一步制约了基层行的信贷行为，加上严格贷款条件，清理边散小户，控制新增贷款户，以致相当部分的中小企业较为集中的中小城镇因资金薄弱而出现银行信贷上的“真空”。

2)由于中小企业贷款以短期流动资金贷款为主，具有要得急、次数多、额度小、风险高的特点，贷款的周转期难以准确测算，逾期的可能性相对较高。国有商业银行面对这样一个经济成分多元化、遍布城乡、涉及各行各业、情况复杂且缺乏研究的以民营经济为主体的中小企业市场，难以对其生产经营情况进行评估和把握，要开拓这一市场，不仅要冒风险，还必须创新各种制度。然而，国有商业银行虽然强化了贷款风险的约束机制，但与约束机制相匹配的利益激励机制却没有相应建立，特别是在现有产权制度下，国有商业银行产权所有人缺位，员工上下缺乏关心银行资产的动力，他们更多的是关心自己的个人利益，这些都严重影响了基层行支持中小企业的积极性和信贷人员的放贷积极性。

3)呆坏账的核销以所有制来划分，政府可以对国有大企业承担“无限责任”，“补贴”国有企业出现的亏损或破产，而以民营经济为主体的中小企业的呆坏账却不在核销范围之内，由此加大了国有商业银行开拓以民营经济为主体的中小企业信贷业务的后顾之忧和“惧贷”心理。

4)国有商业银行现行的信贷操作流程长、环节多，不适应中小企业经营灵活、资金周转快的特点，同时增加了银行的管理成本和单项融资交易成本。国有商业银行对中小企业融资存在的成本高、效率低、信息不对称等问题，即使是通过扩大信贷队伍、推行劳动密集型运作，也不可能在短时期内得到有效解决。

(2)为以民营经济为主体的中小企业提供有效金融服务的中小金融机构体系还没有真正建立起来。经济呈现多元化，金融体系也应当多元化。我国以民营经济为主体的中小企业得到了较快的发展，成为国民经济的重要组成部分，但我国还没有像西班牙、德国、法国和日本等国家那种专门扶持中小企业的政策性金融机构。虽然我国已有遍及城乡的农商银行以及多家股份制商业银行、数十家城市商业银行，但是，由于它们没有得到政策性融资权，自身发展问题没有解决，以及受整体实力、知名度、业务范围、规模等方面的约束，中小金融机构在市场上的竞争仍处于较弱的位置，相当部分的机构承受亏损和支付风险的压力。具体表现在：

1)农商银行(原农村信用社)与农业银行脱钩时，其不良资产比例和资产充足率就分别高于和低于全国平均水平，多数机构经营状况不佳，市场竞争不足，尤其是乡镇企业的大量倒闭，贷款的信用风险和由此引起的流动性风险加大，农商银行不仅缺乏良好资金循环的融资条件，而且也无力解决农村中小企业融资问题。

2)多数城市商业银行在从城市信用社的多级法人制转化为城市商业银行一级法人制的过程中，没有从建立现代金融企业制度的角度来改革股权结构，失去了部分信贷约束，加之结算、清算问题没有得到解决，形成功能不全、直接影响经营效率等原因，导致多元化经营不力、主营业务萎缩。

3)与国有商业银行相比，中小金融机构没有强大的国家信用和政策支持，进一步加剧了原本潜在的金融风险向现实风险的转化，降低了资产的流动性和营利性，妨碍了资金资源的有效配置。为了走出困境，在服务对象的选择上，中小金融机构不得不把贷款投向转向已被国有商业银行占据的市场领域，以民营经济为主体的中小企业贷款融资越发艰难。

目前，对民营企业提供商业性金融服务相对较多的机构主要是地方性金融机构和城乡商业银行，这些金融机构的信贷额度占全部信贷资产的比例目前还不足20%，且其中至少一半以上是贷给国有或集体企业，这与民营企业等非国有经济对GDP的贡献率极不相称。

(3)银行贷款期限结构不能满足企业需求。在现有间接融资体系中，对民营企业的贷款期限通常在1年以内。由于投资项目审批制度改革尚未到位，加上银行担心长期贷款带来的风险，几乎还没有一家银行向个体私营企业真正开放基建和技改贷款科目，因而民营企业从银行获得长期资金基本上没有可能。为了满足长期资金周转的需要，一些企业不得不采取短期贷款多次周转的办法，从而增加了企业的融资成本。更为重要的是，现有融资渠道根本无法满足个体私营企业二次创业和进行技术改造、开发高科技项目的资金需求。特别是一些企业经过多年发展之后已经有了一定基础，在追求更高、更大目标的时候，遇到的资金困难仅靠短期贷款是无法克服的。

(4)市场中介服务机构职能错位，使以民营经济为主体的中小企业贷款抵押担保难度加大，融资成本增加，遏制了企业贷款需求的欲望。为了规避风险，银行除少数大中企业外，几乎不再发放信用贷款，无论金额大小、期限长短，客户要取得贷款一律凭以往的信用记录并办理抵押担保手续，这样一来，首先是把众多尚无盈利记录、信用记录的科技型企业、成长型企业排斥在外，其次是以民营经济为主体的中小企业缺乏银信部门认可的可以质押的固定资产、银信部门难以对抵押物进行有效管理、担保体系不健全等，给银信部门的运作带来诸多不便。近年来，我国虽然建立了一些担保公司和各类基金等中介机构，却杯水车薪。如，目前上海有私营个体企业数十万家之多，而近两年来，中投保上海分公司、技术交易所、创业投资公司以及区县各类担保基金总共只为 2 000 多家企业(含国有、股份制企业)提供了融资服务；2015 年，上海市通过各种担保途径获得的融资贷款仅占 6%左右，其中小企业所占比例仅有 30%，换言之，小企业通过担保途径获得的贷款仅占全部贷款的 1.5%。浙江省尽管其担保机构的数量较多，但大多数担保机构的注册资金只有 300 万～500 万元，以总注册资本 12.18 亿元放大 5 倍计算，充其量只有 60 亿元的担保能力，占 2015 年全省新增贷款的比重仅为 1.2%。此外，各地普遍反映由于担保基金不能规避自身风险，因而在运行中如履薄冰，随意制定标准，增加收费项目，反担保手续过于严格，借款人必须具备合法、有效、足额、能变现的反担保能力方可得到担保公司出具的担保，造成贷款手续烦琐、时间过长、综合费用过高，加重了企业负担，甚至超越了企业的承受能力，迫使一部分小企业宁愿高息民间借贷，也不愿到银信部门获得贷款。

(二)民营企业的法人治理结构不甚完善，银行担心贷款风险过大

相对于国有企业而言，民营企业的产权关系比较明晰。但是，从现实状况来看，大部分民营企业的法人治理结构不甚完善，有的将创业时的“夫妻店”“兄弟帮”式的内部管理结构延续下来，有的是所有权与经营权高度耦合，不利于发挥职业经理人的管理才智，愿意给高级管理人员和优秀人才期权的老板更少。在这种体制下，银行因担心民营企业不按科学的程序进行经营决策，而使银行贷款不能按期收回。另外，近年来少数民营企业骗取银行信任后又恶意逃避银行债务，这些恶劣事件所造成的负面影响累及其他民营企业，银行管理者不得不加大防范这种道德风险的力度。

(三)民营企业财务信息失真现象比较严重

尽管"两本账"和做假账不是民营企业的"专利"，但由于对民营企业的财务审计制度相对松弛，因而民营企业的财务信息失真现象比较严重，以致出现民营企业越是美化和包装的财务报表和贷款可行性分析报告，银行就越是怀疑其业绩和实力的"信用危机"。

(四)所有制歧视仍不同程度存在

在笔者调查所到之处，除了有些地区因历史和文化特殊性使得民营经济得到普遍认可外，均在不同程度上存在着对个体私营企业的歧视现象。由于长期受计划经济和传统意识的影响，金融部门的"恐私"心理相当普遍。一些地方反映，同样数额的不良贷款，贷款对象如果是国有企业，银行工作人员可以不承担责任，如果是私营企业则可能被司法机关追究。出于对贷款责任的担心，信贷人员在具体操作中就十分谨慎，表现为尽量限制对民营经济的贷款数额、贷款手续繁杂、抵押条件苛刻、对抵押品要求过严、抵押率过低。有的私营企业反映，争取一笔贷款往往要花费多达半年的时间，由此贻误商机的事例不在少数。

第二节　民营企业间接融资的发展方向

一、间接融资在一定时期内依然是民营企业融资的主导方式

随着我国投融资体制的改革和民营企业的发展，证券市场在民营企业融资中发挥的作用会进一步增强。但是，国外企业成功的融资实践表明，企业选择怎样的融资渠道，采取怎样的融资方式，必须与一国整体经济的发展水平、金融结构、市场化程度相吻合。同时，也需要考虑企业自身的生产技术特征，生产过程中的信息结构、管理方法及发展战略等特点，在不同的阶段制定和采取不同的方式、方法。在我国，由于受现实条件的限制，如资本市场的规模限制、法律体系的不健全及转轨时期所普遍存在的路径依赖等现象，间接融资在未来一段时期内仍将是民营企业融资的一个重要模式。

(1)从理论角度看，民营企业以间接融资为主导的作用主要有：

1)可以充分发挥银行中介机构的资金优势、信息优势和经验优势，更为合理地配置资本资源。

2)为融资者的融资行为提供更灵活的服务。企业生产过程中的资金余缺往往是随时发生的，与直接融资在较长时间里极为有限的次数相比，间接融资可以提供多种多样的融资方式。

3)对于企业规模比较小、内部管理制度不太完善的民营企业而言，间接融资能更好地发挥监督功能。

4)从适应产业发展的角度看，间接融资是在支持现有的产业而不是全新的产业，银行在技术大众化和传统产业中可以有效配置资本资源。而直接融资主要适宜于那些拥有大量技术创新产品的新兴产业。因为新兴产业的发展需要大量的风险资本和长期资本，这是追求稳健的银行体系所无法满足的。

5)间接融资为主的融资制度由于采用了产融结合的方式，企业的最终决策权是明确而稳定的。

(2)从实践角度看，有研究表明，上市公司的权益成本明显高于其债务的资本成本。而对财务杠杆的有关实践又表明，在我国，长期财务杠杆与上市企业的加权平均资本成本、权益资本成本存在显著的负相关关系，也即与企业价值正相关，债务融资依然能降低企业的融资成本。更何况，虽然现在负债对国有企业的预算约束力不强，但债务终究是债务，它始终体现在企业的账面上，最终将随着社会信用体系的建立和完善而得到不断强化。

二、推进金融体制改革，完善民营企业间接融资体系

第一，国有商业银行要转变观念，重视对民营企业的信贷支持。真正的商业银行是以营利为目的的，其发放贷款的基本原则应是唯“效益”论，而非唯“成分”论。随着银行商业化改造步伐的加快，银行间的竞争必将越来越激烈，客观上也要求银行注重效益，而不是注重成分。因此，银行在民营企业与国有企业之间应提倡公平信贷，对于有发展潜力的民营企业同样给予信贷支持，特别是对于民营企业中的佼佼者，诸如经营管理水平高、信誉好、设备技术先进的民营企业，产品质量好、有特色、市场需求旺盛的民营企业，以及以高新技术成果转化为支撑的技术密集型民营企业，银行应重点帮助它们创业和发展。事实上，银行将资金投放在有效益的民营企业比将资金沉淀在经营管理不善的国有企业能带来更好的效益，因为有时政府基于稳定社会，解决众多职工的就业和生活问题等原因，干

预银行对部分亏损严重的国有企业清收贷款，致使清收贷款的难度更大。另外，从经济与金融的关系来看，放弃一大批有发展潜力的民营企业客户，也必然降低银行自身的经济效益。

第二，大力发展国有商业银行以外的多种形式、多种成分的地方性、行业性和混合型中小金融机构，包括股份制银行、外资银行、城市商业银行和农村合作金融机构，特别要建立一大批直接服务于或以民营企业为重点的中小商业银行。一方面，我国四大国有商业银行的服务对象主要是大中型企业，特别是国有大中型企业，一味地要求其对众多的中小民营企业融资，存在一个比较利益问题，其贷款成本高的障碍实际上是难以克服的；另一方面，中小商业银行资金规模比较小，难以同大银行对大企业进行竞争，其市场定位本应是众多的中小型民营企业。同时，四大国有商业银行难以解决中小企业贷款的繁杂性，而中小商业银行，特别是地方性商业银行充分体现了贷款的灵活性，而这恰恰又适应了为数众多的民营经济的融资愿望。因此，建立一大批中小商业银行，特别是地方性民营中小商业银行，不仅可以打破银行的垄断，提高金融服务水平，大大拓宽民营企业间接的融资渠道，还有利于把民间借贷纳入正常的融资体系，使地下金融浮出水面，降低民营企业融资成本，改善金融环境。

三、健全民营企业间接融资中介服务体系，改善间接融资的外部环境

第一，建立具有独立法人资格的、权威性的企业信用评估机构，为民营企业融资扫清认知上的障碍。企业信用评估机构本身虽不能为民营企业直接融资，但在当前社会对民营企业普遍缺乏了解或难以全面了解的情况下，信用评估机构所具有的超脱性、权威性和利益性，却能够很好地为融资者，特别是商业银行提供一个信贷决策依据，信用评估机构在这里实际扮演着双重角色——经纪人和担保人，因为信用评估机构既要为其所评估的企业财务、资产、经营业绩甚至是法人代表的个人品德和信誉的真实性负责，又要在融资方遭受损失时承担相应的连带责任。

第二，建立民营企业融资担保体系，降低银行信贷风险。在西方国家，为降低中小企业的银行信贷风险，政府设立专门的中小企业信用担保机构(如日本的中小企业信用保险公库、法国的中小企业信贷担保集团等)，这些做法值得我国借鉴。目前，民营经济融资难最突出的表现就是无法提供有效、足额的担保物和担保人。大多数民营企业的厂房、设备等可作为抵押品的资产，因地处偏远、价值低、可转让性差，造成有效的抵押担保品不足，同时许多民营企业既无上级主管

单位，又难以找到合适的担保人，资金需求和资金供应之间无法形成一条顺畅的纽带。对此，设立多层次、多形式的民营经济融资担保机构就显得尤为迫切。一是由各级政府组织成立具有独立法人资格的全国性和地方性民营企业融资担保公司，专门对符合担保条件的民营企业提供融资担保，并可直接对民营企业进行小额特定项目融资，此类机构可收取适当比例的担保手续费。二是可建立由加入行业工会的民营企业会员出资的行业外融资担保机构，专门解决会员的融资担保问题，此类机构不收取担保手续费及其他有关费用。三是专门建立用于民营企业融资担保的财政贴息担保基金。具体操作是担保基金为高科技、涉及社会公共利益、投资建设期长以及能源、交通、电信等特殊行业或具有特殊利益的民营企业提供贷款担保，商业银行对此类企业的贷款利率可适当上浮，担保基金对上浮利率提供贴息，从而充分调动投融资双方的积极性。另外，在担保公司的组建形式上，既可以组建连带责任担保公司，又可以组建非连带责任担保公司；既可以组建营利性担保公司，又可以组建非营利性甚至是亏损性担保公司。不过在组建初期，适于成立连带责任、非营利性担保公司。同时，在区域上，发达地区可成立非连带责任和营利性担保公司，而在落后地区则可建立连带和非连带责任、营利和非营利性混合型担保机构。

四、优化间接融资行为，提高间接融资的效率

间接融资在今后相当长的时间里仍将是民营企业融资的主导模式。但是，外部环境的不断变化，使得民营企业的间接融资也面临种种挑战和困难。其中，来自资金的融出方——银行业的约束与压力也越来越大。目前中国的银行正逐步转变其经营机制，成为真正意义上的商业性银行，在追求自身利益的前提下，尽可能抑制风险损失。近年来，银行的盲目扩张现象已有较大改变，甚至出现了为回避风险而惜贷的现象，这可以从银行业中出现的贷差转为存差中得到印证。因此，民营企业以银行间接融资为主的模式也在很大程度上受到了影响和制约。如果民营企业不改变以往的“敢借、敢花、敢赖”的行为，其结果必然是融资难度的加大和融资成本的上升，最终导致融资风险的加大。从这个角度看，民营企业的间接融资制度的改革势在必行，这其中当然离不开银行业改革的配套实施，而重塑银企关系则是重中之重。

第一，推进金融体制改革，提高银行对民营企业贷款的积极性。我国金融制度改革已进行了多年，虽然四大国有银行的商业化过程有了一些进展，产权制度的改革有了一定的突破，但至今仍没有形成以银行主体利益为核心的经营机制。

由于企业过度依赖银行，造成银行的坏账增多，但银行的运行风险基本上还是由国家承担，银行“吃大锅饭”的现象甚至比企业还严重。因此，银行业的商业化改革必须在产权改革的前提下进行，这样才能实现银行自主经营、自负盈亏的改革目标。事实上，在整个经济改革过程中，许多部门中计划的作用越来越小，但中央政府对国有银行的行政控制却在加强。这大致表现在两个方面：一是资金供给的双轨制，使大量资金流入了国有企业。在向市场经济转变的过程中，最先实现市场化的是产品。尤其在消费品市场，产品的质量是决定其市场占有率的关键因素，而产品的质量好坏最终是由消费者说了算，任何以强制命令的方式搭配销售产品，在今天的市场上都是行不通的。在资金供给市场虽然实行了拨改贷，但由于国有企业的地位没有发生变化，银行资金仍旧大量注入。二是人为的低利率既造成了长期贷款供不应求的局面，又降低了银行对效率较高而规模较小的民营企业贷款的积极性。不少民营企业的规模比较小而效率比较高，但融资很困难。一个很重要的原因是，对小规模民营企业贷款的成本高，而贷款规模又不大，在固定利率制度下不符合银行的效率原则。从成本上看，民营企业贷款频率为国有大中型企业的5倍，户均贷款余额约为大中型企业的5%，商业银行对民营企业的贷款管理成本高出大中型企业5倍。与此同时，由于目前银行普遍采用抵押贷款方式，这种贷款方式需要对抵押资产进行评估，而评估时间长、手续烦琐、收费较高，又增加了民营企业的融资成本。因此，要推进金融体制改革。一是进一步明确国有银行的产权关系，实现产权多元化，完善内部治理结构，按商业化原则重构商业银行组织管理体制。二是加速利率市场化进程，进一步放开商业银行对贷款利率的决定权限，扩大贷款利率上浮幅度。按照风险利益对称原则，对风险较大的民营企业，在其可承受的范围内加收一定的风险利差，可以提高商业银行对民营企业贷款的积极性，从利益机制解决商业银行不愿为民营企业，特别是个体工商户提供贷款的问题。三是商业银行要适度下放县级机构的贷款权力。中小型民营企业大多集中在县级地区，给予县级商业金融机构一定的贷款权，不仅可以直接充分发挥基层商业银行的主观能动性，体现网点辐射优势，而且能够分散信贷风险，解决贷款过度集中的问题。

第二，建立良好的信用制度，确立民营企业在间接融资体系中的地位。民营企业向银行借款时，普遍存在着随意违约、拖欠、赖账、逃债、废债等不讲信用的现象，“欠债不还有理，欠债不还有利”成为债务人的理性预期。究其根源，是民营企业没有确立相应的信用观念和制度。因为，只有确立了信用观念和制度，才能使民营企业真正履行契约和偿还债务。也只有确立了信用观念和制度，才能在借款时考虑偿债能力，考虑筹资规模、考虑成本约束、考虑风险概念，使民营企业的融资行为真正纳入市场经济的轨道中来，也只有如此，才能提高企业间接融资的效率。

第三，重塑银企关系，强化银行对企业的监控。在间接融资为主的情况下，银行与企业构成命运共同体，但并不意味着可以削弱信贷资金的约束力，或将风险转嫁给银行。在这一点上，日本的主银行制可供借鉴。日本主银行制度下，主银行不仅保证企业在借款总额中所占的份额最大，而且在“结算账户”的集中、“股份持有”的稳定、公司债券的受托发行、参与企业的经营等四个方面都给予关注，并在企业财务状况不同的各个阶段，不断调整思路，以尽可能保证双方的利益。这种建立在互惠互利基础上的制度，不仅对企业融资提出更高要求，如保证不拖欠挪用贷款，接受信贷监督，而且有利于提高银行的资金运用效率和资产质量。在现阶段，我国银行与企业的关系非常密切，却没有形成相互促进的良好关系。以此为借鉴，可以在更高的基础上重塑银企关系。

五、民营企业自身要进一步完善法人治理结构，通过制度创新赢得金融机构的信任

现阶段我国相当一部分民营企业还带有浓厚的家族色彩，这种管理体制在企业初创阶段，或对于技术层面低、经营内容单一的中小企业而言可能有某种合理性，但在企业不断发展壮大、经营领域拓宽、技术层面提高、组织机构日趋复杂的情况下，如果仍由家族成员把持企业管理的重要岗位，不利于引进优秀的职业经理人才，不利于合理授权和科学决策。因此民营企业要赢得银行对其经营管理水平和持续发展能力的认可，必须适时进行股份制改造，从根本上完善法人治理结构。

第七章　民营企业的直接融资

企业的成长离不开融资。20 世纪 70 年代以来，为降低筹资成本、提高筹资效率、提高公司经营管理决策的合理性，发达国家的债券融资占其融资总额的比重越来越大。股份制虽然也是我国民营企业发展的方向，但是股份制民营企业的股本扩大不可能没有限制，在股本不扩大的前提下，企业的长期资金需求很大一部分要通过发行债券来满足。因此，民营企业债券最终将成为我国债券市场的一个重要组成部分。

第一节　债券融资与我国债券市场的发展

一、债券融资的分类

企业债券通常又称为公司债券，是企业依照法定程序发行，约定在一定期限内还本付息的债券。企业债券代表着发债企业和投资者之间的一种债权债务关系。债券持有人是企业的债权人，不是所有者，无权参与或干涉企业经营管理，但债券持有人有权按期收回本息。企业债券和股票一样，同属有价证券，可以自由转让。由于企业主要以本身的经营利润作为还本付息的保证，因此企业债券风险与企业本身的经营情况直接相关。如果企业发行债券后，经营状况不好，连续出现亏损，可能无力支付投资者的本息，投资者就面临着受损失的风险。从这个意义上来说，企业债券是一种风险较大的债券。所以，在企业发行债券时，一般要对发债企业进行严格的资格审查或要求发行企业有财产抵押，以保护投资者的利益。另外，在一定限度内，证券市场上的风险与收益成正相关关系，高风险伴随着高收益。企业债券由于具有较大风险，它们的利率通常也高于国债和地方政府债券。

企业债券按不同标准可以分为很多种类，最常见的分类有以下几种：

(1)按照期限划分，企业债券有短期企业债券、中期企业债券和长期企业债券。根据我国企业债券的期限划分，短期企业债券期限在1年以内，中期企业债券期限在1年以上5年以内，长期企业债券期限在5年以上。

(2)按是否记名划分，企业债券可分为记名企业债券和不记名企业债券。如果企业债券上登记有债券持有人的姓名，投资者领取利息时要凭印章或其他有效的身份证明，转让时要在债券上签名，同时还要到发行公司登记，那么，它就称为记名企业债券，反之称为不记名企业债券。

(3)按债券有无担保划分，企业债券可分为信用债券和担保债券。信用债券指仅凭筹资人的信用发行的、没有担保的债券，信用债券只适用于信用等级高的债券发行人。担保债券是指以抵押、质押、保证等方式发行的债券，其中，抵押债券是指以不动产作为担保品所发行的债券，质押债券是指以有价证券作为担保品所发行的债券，保证债券是指由第三者担保偿还本息的债券。

(4)按债券可否提前赎回划分，企业债券可分为可提前赎回债券和不可提前赎回债券。如果企业在债券到期前有权定期或随时购回全部或部分债券，这种债券就称为可提前赎回企业债券，反之则是不可提前赎回企业债券。

(5)按债券票面利率是否变动，企业债券可分为固定利率债券、浮动利率债券和累进利率债券。固定利率债券指在偿还期内利率固定不变的债券；浮动利率债券指票面利率随市场利率定期变动的债券；累进利率债券指随着债券期限的增加，利率累进的债券。

(6)按发行人是否给予投资者选择权分类，企业债券可分为附有选择权的企业债券和不附有选择权的企业债券。附有选择权的企业债券，指债券发行人给予债券持有人一定的选择权，如可转让公司债券、有认股权证的企业债券、可退还企业债券等。可转换公司债券的持有者，能够在一定时间内按照规定的价格将债券转换成企业发行的股票；有认股权证的债券持有者，可凭认股权证购买所约定的公司的股票；可退还的企业债券，在规定的期限内可以退还。反之，债券持有人没有上述选择权的债券，即是不附有选择权的企业债券。

(7)按发行方式分类，企业债券可分为公募债券和私募债券。公募债券指按法定手续经证券主管部门批准公开向社会投资者发行的债券；私募债券指以特定的少数投资者为对象发行的债券，发行手续简单，一般不能公开上市交易。

与股权融资相同，债权融资是工业化阶段一个最重要的市场化资金积聚与集中方式。债市同样是资本市场不可缺少的组成部分。股权融资和债权融资的区别在于风险配置方式不同。股权融资时作为社会微观经济主体的企业的财务风险小而出资人的风险大，债权融资时出资人的风险小而企业的风险大。当然，对出资人来说，股权投资的预期收益大而债权投资小。这个区别最清晰地显示出债权融资和债市发展的客观必要性。因为全社会投资主体的风险承受能力是不一样的，同一个出资人也需要把自己的资产分配在不同的风险组合中。当然，在债权融资中，由于企业债信、债权期限、利率方式等多方面的不同，债市上交易品种的风险实际上也是千差万别的。例如，传统产业里的大企业与高科技领域的企业、普通债券与可转换债券、单一的企业债券与采用债券方式“打包上市”的银行债权之间的风险差别就很明显，长、短期国债的风险也有很大差别。正因如此，债权融资方式和债市的发展为社会化、公众化、市场化的资源集中在风险最小的银行储蓄到风险最大的普通股票以及“创业板”市场上的股票之间形成了一系列连续的投资组合机会，使不同的投资者有充足的机会找到适合自己的投资品种以及优化自己的投资组合。

企业债券市场是证券市场的重要组成部分，其发展规模与结构是衡量一国证券市场成熟与否的重要标志之一。在成熟的证券市场上，企业债券作为一种融资手段，无论在数量还是发行次数上都远远超过股市融资。在一般发达国家，企业通过债券融资的金额通常是股市融资的2～5倍。据统计，全球债券相当于GDP的95%。

二、我国企业债券市场的发展状况

我国企业债券市场是随着我国经济改革和对外开放不断深入而不断发展的，经历了一波三折的复杂过程，有过20世纪90年代初的辉煌，也出现了1994年、1995年的低潮。但总体来看，我国企业债券市场从不规范到逐步规范，人们对企业债券的认识也在逐步深入，债券发行方式、利率设置等方面也正在向市场化方向迈进，信用评级、会计师和律师的作用在进一步提高，正朝着健康有序的方向发展。

我国企业债券市场的发展大致可分为四个阶段：

(一)萌芽阶段(1984—1986年)

从1984年开始，一些企业出现了自发向社会或内部集资等类似企业债券方式的融资活动。据粗略估计，到1986年年底，大致发行了100亿元此类债券。这期间，国家对其尚未进行规范管理，也没有相应的法律法规。

(二)迅速发展阶段(1987—1992年)

1987年3月27日，国务院颁布实施了《企业债券管理暂行条例》，同年开始编制初步的企业债券发行计划，发行规模 75 亿元。从 1989 年到 1992 年下达企业债券发行计划分别为 75 亿元、120 亿元、250 亿元和 350 亿元，发行规模迅速扩大，并安排了 7 个券种：国家投资债券、国家投资公司债券、中央企业债券、地方企业债券、地方投资公司债券、住宅建设债券和内部债券。

(三)整顿阶段(1993—1995 年)

1993 年 8 月 2 日，国务院修订颁布了《企业债券管理条例》。1993 年年初国家下达的企业债券发行计划为 490 亿元，当年开始经济治理整顿工作，企业债券发行计划改为新增银行贷款解决(债转贷)，实际发行了 20 多亿元企业债券。从 1994 年开始，企业债券品种归纳为中央企业债券和地方企业债券两个品种，当年发行规模仅 45 亿元。1995 年安排发行计划 150 亿元，实际下达 130 亿元。

(四)规范发展阶段(1996 年至今)

1996 年、1997 年、1998 年分别安排企业债券发行规模 250 亿元、300 亿元、380 亿元，重点安排了一批国家重点建设项目，如铁道、电力、石化、石油、三峡工程等。1999 年没有安排新的企业债券发行计划。2000 年年初，经批准安排了中国长江三峡工程开发总公司等 7 个发债主体(均为国有大型企业)的企业债券发行计划共 89 亿元。2014 年起，每年发行债券总额超过 6 000 亿元。

改革开放以来，我国企业债券市场的基本情况如下：

在发行品种上，我国企业债券按发行主体划分可分为中央企业债券、地方企业债券、国家投资债券、国家投资公司债券、地方投资公司债券、住房建设债券、内部债券等。后 5 种债券品种从 1994 年开始取消，现在也不再进行中央企业债券和地方企业债券品种的划分。按付息方式划分可分为零息债券(到期一次还本付息)、附息债券(按年付息，到期一次还本)两种。1998 年以前发行的债券基本上都是零息债券，之后发行的且期限在 5 年以上的债券基本都是附息债券。按利率设置方式划分可分为固定利率债券、浮动利率债券两种。一般情况下，5 年期以内的债券采取固定利率形式，5 年期以上的采取浮动利率形式，采取浮动利率是从 1998 年以后才开始的。按期限长短划分可为长期债券、中期债券、短期债券三种。目前我国发行企业债券最短期限为 1 年，最长期限为 10 年。发行规模在 1 亿元以下的期限一般都在 3 年以内，5 亿元以下的企业债券一般都是 3～5 年，5 亿元以上大都在 5 年以上。按券面形式划分可分为无记名实物券、实名制记账式两种。一般小额的债券基本上都采用无记名实物券形式，大额的债券基本上都采取实名制记账式形式。

改革开放以来，我国企业债券市场的发展，对促进国民经济发展发挥了积极的作用。其主要体现在以下几个方面：首先，为经济建设筹集了大量资金，有力地支持了增加固定资产投资、扩大内需的政策需要，促进了国民经济稳定增长。企业债券最基本的功能就是筹集资金，一大批国家重点建设项目，如三峡工程、浦东新区建设、京九铁路、沪宁高速公路、吉林乙烯、北京地铁、上海地铁、北京西客站等都不同程度地使用了企业债券资金。其次，贯彻了国家产业政策和行业发展规划，促进了经济增长方式的转变和经济结构的调整。企业债券不仅是一种投融资渠道，更是一种调控手段，在贯彻国家产业政策和经济结构调整方面发挥着重要作用。国家在安排企业债券时，重点向国家产业政策和行业发展规划支持的产业领域倾斜，弥补了国家亟须发展的产业的建设资金不足，有力地促进了产业升级和经济结构调整。再次，为企业开辟了一条长期资金的融资渠道，改变了传统的企业资金供应单一格局，在防范金融风险方面发挥了积极作用。最后，提高了企业的自我约束能力和信用意识、风险意识，有助于社会信用体系的建立。企业直接进入资金市场以发行债券的方式面向社会筹资，在债券到期必须及时还本付息的压力和社会监督下，促使企业转换经营机制，降低经营成本，提高了企业的自我约束能力及风险意识和信用意识，企业债券在完善市场经济体制方面的作用日益显著。

三、我国企业债券市场发展滞后的原因

我国债券市场发展滞后的原因是多方面的，有金融体制方面的原因，也有企业方面的原因，还有政府政策方面的原因。

(一)企业债券的供求不足

从作为供给主体的企业角度看，企业债券在目前的体制下缺乏吸引力。

(1)债券融资与银行贷款相比，企业更愿意向银行贷款。因为目前我国企业债券利率一般比较高，再考虑到发行原因，发行债券要比贷款多承受20%左右的利息负担；同时我国银企关系尚未实现真正转变，企业向银行贷款，无论是借款还是还款，条件上的软约束都远远低于发行债券直接面对广大债权人的硬约束，使企业还本付息的压力比发行债券小得多。

(2)债券融资与股权融资相比，企业更偏爱股权融资。企业经营者往往认为，债券是“硬”的，发行债券要承担风险，有还本付息的压力，而股票是“软”的，既可长期占用资金，又无还本付息的压力，还可以通过配股再融资，取得溢价收入等。在我国企业效益普遍较低，流动资金短缺，还本付息能力低的情况下，大多数企业选择股票融资也就不足为怪了。

(3)国有企业的高资产负债率也在客观上限制了企业的发债融资。目前国有企业的平均资产负债率居高不下，这种在传统体制下依靠银行大量贷款经营形成的高负债状况，使企业发行债券面临很大的风险。从企业债券的需求方面看，需求不旺。企业债券是一种投资工具，影响其需求的主要有安全性、收益性和流动性三大指标。我国企业债券由于安全性、收益性、流动性较低，对作为需求主体的投资者缺乏足够的吸引力，呈现出需求不旺的特点。其原因如下：

1)安全性低。我国虽然已经建立了企业债券的信用评级制度，但未严格实施，缺乏对信用评级机构、会计师事务所等中介机构进行有效监控的法律法规，不少中介机构对企业债券的评价缺乏客观的标准，致使某些业绩不良的企业在财务方面弄虚作假，欺骗投资者。另外，我国企业破产机制尚未完全建立，无法从根本上解决企业预算软约束等痼疾。一些企业仅把发行企业债券作为一种渠道，而对发债的成本负担不认真考虑，债券的偿还危机相当普遍。

2)收益性低，对投资者缺乏吸引力。企业债券利率一直受到政府的严格管制，被人为压低。我国《企业债券管理条例》规定，企业债券票面利率不得高于银行同期居民储蓄定期存款的40%。由于央行近年来多次下调银行存款利率，企业债券与银行存款的利差越来越小，已不能充分补偿企业债券的风险，势必影响投资热情。

3)流动性差。由于种种因素制约，企业债券发行量小，难以形成规模，且地区分割严重，阻碍了企业债券的流通。与大多集中在证券交易所的股票不同，企业债券90%以上在场外交易。自1994年信用级别高的企业债券获准在证券交易所上市流通以来，沪深两市挂牌交易的债券品种较少，且交投清淡，显示其流动性较差，尚未具备应有的证券素质。我国企业债券的柜台交易，主要采取自营买卖的形式，由中介机构用自有资金向债券持有人购入，再向投资者出售，企业债券转让价格基本由券商垄断，购销双方没有自行定价和自由交易的机会，债券持有者一般因价低而惜售，从而大大降低了企业债券的流动性。二级市场的滞后，必然反过来影响一级市场的发行，从而制约整个企业债券市场的总体发展。

(二)金融政策和金融制度的约束

企业债券融资的微观基础在于，企业在一定程度上试图摆脱银行的控制以求得更低成本的资金和更高的利润率。从更为宏观的角度来看，企业债券市场又与一国的金融政策和金融制度高度相关，甚至可以说，企业债券市场是随着金融政策和金融制度的变化而变化的，在相当程度上金融政策和金融制度决定了债券融资在企业融资结构中的份额和水平。目前我国正处在由计划经济体制向市场经济体制转轨的过渡时期，保持改革的渐进性、塑造一个金融稳定的格局，对于实现经济改革和经济增长的目标是必不可少的。在这一背景下，我国的证券市场同样也肩负着融通资金、优化资源配置、推进经济改革等重任。从实际情况来看，股票市场在完善企业治理结构、筹集资金、构造间接融资体系等方面已经或者正在发挥着十分重要的作用；日益壮大的国债市场对于弥补中央财政赤字、加强基础设施建设、扩大内需、确保经济增长目标的实现，自然也功不可没。但相比之下，企业债券市场的发展却极为缓慢，其应有的功能也未得到有效发挥，甚至还有人担心企业债券市场融资过大会冲击银行信贷市场，从而扰乱金融秩序。可能是由于对企业债券市场存在种种认识上的误区，所以在实践中就有了对企业债券市场的诸多限制和阻碍，具体表现在：

(1)政府控制过多、过死，审批机构多、环节多、手续繁杂、时间长；

(2)与银行贷款相比，发行企业债券的市场资格审查控制更严、门槛更高，甚至有地域、行业、所有制等方方面面的限制或歧视，还有的把它仅仅作为弥补中央和地方企业建设资金缺口的一个补充措施；

(3)企业债券市场的政策、制度环境不稳定，发行规模时大时小，审批标准时紧时松，严重影响了企业发行债券的积极性；

(4)企业债券利率受到严格管制，被人为压低。

由此可以得到这样的结论：金融政策和金融制度的限制和约束在相当大的程度上制约了企业债券市场的发展。

(三)企业产权制度改革滞后

从民营企业特别是私营企业看，产权结构不合理，难于分清各类企业的信用度。集体企业产权不清，产权结构单一，内部治理结构不完善，内部管理不健全。私营企业的产权结构单一，家族式经营，管理体制不规范，管理透明度不高。这些都制约了民营企业债券融资的发展。从国有企业看，企业缺乏独立财产权，造成部分企业债券兑付困难。从目前情况看，我国的企业债券都是国有企业发行的。企业债券兑付中的违约行为——到期或即将到期的企业债券难以兑付，严重影响了企业债券的信誉，并带来了一些社会问题。而造成企业债券兑付困难的主要原因在于我国企业债券市场是建立在不合理的产权制度基础上。发行企业债券的企业没有独立的财产权，实际上不能真正承担履行债务契约的责任和义务。这些企业可以从融资活动中获得资金以满足生产经营及企业员工福利待遇的需要，却不会真正承担融资风险或融资失败的财产责任，这种融资失败的财产责任最终只能由作为国有企业所有者的国家来承担。

（四）社会横向信用体系缺失

经过长期的制度演进，我国形成了一种计划经济赖以存在和发展的纵向社会信用联系。改革开放以来，维护、加强这种纵向信用联系，对于追求经济增长与实现经济控制是有一定作用的。这种纵向信用的实质是社会大众对国家的高度信任。依赖这种纵向信用体系，国有银行能够大量吸收社会储蓄，同时，这些储蓄又因为这种依托于国家信誉的纵向信用，转换成为国债资金、银行贷款、股市资金等，从而这些资金大部分又转换为对国有经济的金融支持，防止了国有经济比重的过快下滑，也就保证了体制内产出的持续增长和改革条件下的社会稳定。这种纵向信用体系使得国家能够把居民的高储蓄率转化为高投资率，从而有助于维持经济规模的不断扩张。与此同时，国家也为维持这种纵向信用联系负担了巨大的成本，那就是国有银行的不良债权、财政赤字及股市泡沫等。这些不断快速增大的成本必然带来金融风险的日益膨胀，这说明，纵向信用对渐进改革和经济增长的贡献已到了尽头。但是，我国目前发展金融市场，促进投融资市场化急需的社会横向信用极度缺乏，突出的表现就是各种赖账、逃废债务和“三角债”拖欠成为普遍的企业行为。企业债券市场是建立在高度健全、完善的社会横向信用联系基础上的金融市场。作为社会横向信用体系的重要组成部分，并在企业债券市场中起核心作用的信用评级机构缺乏规范性与公正性，这严重制约了我国企业债券市场的发展。在目前的制度安排下，由于发行企业必须经过审批以取得资格，因此而形成了重审批、轻评级的格局——信用评级流于形式，信用评级机构很少对发债企业进行跟踪调查，甚至一评定终身。

第二节　民营企业债券融资的发展现状和障碍

一、我国民营企业债券融资刚刚起步

长期以来，我国民营企业的债券融资受到排斥。1993 年出台的《企业债券管理条例》虽然并没有明确指出民营企业不得发行企业债券，但条例中的条条框框已将民营企业排斥在外。尤其是在中央收回企业债券发行的审批权以后，企业债券更是有意无意地烙上了国家重点建设债券的痕迹，发债资格的审批也演变成了投资项目的审批。事实也的确如此，从 1994 年到现在，拿到发债额度的基本上都是国家重点建设项目。其中，中央直属大型国有企业占据了特批发债额度的大多数

席位。

因此，长期以来，我国民营企业都主要是通过内部融资进行发展扩张的。2016年，国际金融公司——世界银行集团中支持民营企业发展的分支机构——对北京、成都、顺德(广东)和温州(浙江)的民营企业进行了调查。调查表明，80%的民营企业认为缺乏融资渠道成为其发展的严重制约。它们主要依靠内部融资来开办和扩张，90%以上的初始资本来源为其主要的所有者、合伙发起人以及他们的家庭。在创收后的投资中，被调查公司继续严重依靠内部资源。至少62%的资金来源为主要的所有者或其留存收益。宏观经济数据和调研数据也显示，过去20多年中民营企业强劲增长，其资金绝大多数来自内部融资。国际经验表明，这种增长是不可持续的。随着企业的成熟和规模扩大，它们对外部融资的需求也将会增长。

西安金花企业集团和重庆力帆是民营企业中屈指可数的获得债券融资的幸运者。2014年9月8日，来自我国西部地区的民营企业——西安金花企业集团核心企业陕西金花实业有限责任公司在上海地区向社会公众发行了2亿元企业债券。该债券期限为3年，年利率3.78%，到期一次还本付息，以实物券方式发行，面值1 000元，可转让，债券信用级别被评为AA^{-}。2015年6月24日，民营企业重庆力帆也曾在半地下的状态中“秘密”发行了总额1亿元、年利率为5.8%的三年期无记名企业债券。这两家民营企业之所以能够获准发行企业债券，自然有其过人之处。重庆力帆在发行企业债券时，推行了偿债准备金制度——从发行债的第19个月开始，力帆在每月的销售收入中提取部分资金，作为本金及利息存入兑付债券的商业银行，每月存入额度逐步递增。据陕西金花实业有限责任公司负责人透露，金花能够在当年发行企业债券，是在各级政府职能部门严格筛选和权威专业中介机构仔细评审之后才获准公开发行的。当年的金花不仅已是一家上市公司，而且其发行债券更是拥有强烈的地方政府背景。金花获准发行的企业债券融资所筹措的资金是用于该企业与西安市政府合作开发的世纪金花购物中心项目的建设。据悉，世纪金花有一个项目，当时尚存2亿元的资金缺口。正是这样的背景，金花才得以公开发行2亿元企业债券。

虽然有了西安金花企业集团和重庆力帆这两家民营企业债券融资的先例，但这并没有引起本该对市场变化最为敏感的民营企业家足够的热情。根据对“私企发债前景如何”的调查，对此题目感兴趣的民营企业家竟然寥寥无几。他们普遍认为，无论是从政策环境上，还是从当前的可操作性上，用发行企业债来解决民营企业的资金问题离他们似乎还很遥远。首先是因为国家新的债券管理办法迟迟没有出台，现在还是由国家发改委、国务院每年对发债额额度进行“特批”，国家有那么多的大型基础设施、大型国有企业亟须资金，怎么可能轮得到民营企业。其次是我国企业债市不发达，比如我国缺乏权威的债券评级机构、没有相应的税收优惠政策、企业债券品种单一、二级债券市场流动性不够、债券投资者队伍不成熟等，以至于许多民营企业家对利用发行企业债来进行融资的手段缺乏必要的认识。

二、债券融资能完善民营企业的融资结构

从长期发展趋势看，债券融资在民营企业直接融资结构中的地位会逐步提高。从成熟市场的经验来看，债券融资具有显著的优势：

(1)债券融资有利于民营企业提高诚信意识，完善公司治理结构。公司债券与银行贷款最大的不同在于具有流动性，由于很多公司债券在交易所挂牌交易，面对广大投资者公开发售，因此，发债企业被要求对自己的财务状况、经营情况和风险控制等做出详细、完整、持续的信息披露，有利于提升企业自身的公司治理水平。

(2)债券融资可以降低权益资本在整个资本结构中的比重，实现增加 EVA(经济增加值)的经营管理目标。由于债务融资的成本低于权益资本，根据 EVA 管理体系，增加债务融资在整个资本结构中的比重也有助于降低公司的加权资本成本(WACC)，从而达到增加公司 EVA 值的经营管理目标。

(3)通过债券融资增加负债可以提高公司的自由现金流使用效率。自由现金流量代表公司在经营活动中产生的、管理者拥有任意支配权的那部分现金流量。根据哈佛大学 Michael Jensen 等人提出的最新借债理论，如果公司的经营者拥有大量的自由现金流量而没有或只有较少的债务，就没有约束机制来保证他们在项目经营上是有效率的。因为负债必须还本付息，对自由现金流量具有约束力，可以增加经营管理的约束性，提高管理层的纪律性，增强公司自由现金流量的使用效率。

(4)从资金成本来讲，企业债券利息是作为费用从税前支付，具有抵税作用，而普通股股利则从税后利润中支付，从而不存在税收屏蔽的作用。同时普通股的发行费用一般也高于企业债券，因此企业发行债券所需负担的融资成本明显要低于股票。另外，与同等规模、期限的银行贷款相比，公司债券由于属于直接融资，没有抵押登记等贷款手续，融资成本普遍低于银行贷款。

(5)债券融资可以满足民营企业不同期限结构上的融资需求，优化融资结构，增强民营企业持续融资的能力。一般来说，银行不愿意提供巨额的长期贷款，银

行融资以中短期资金为主，而债券融资多以中长期资金为主。因此，民营企业通过债券融资筹集的资金通常要比通过银行融资更加稳定，融资期限更长，更利于民营企业的长远发展。另外，债券融资也可以发行短期债券，从而给民营企业创造了一种持续融资的能力。根据“备用轮胎理论”，当企业流动性不足，特别是短期流动性紧缺时往往通过发行短期公司债券解决。例如，在 1997 年年末，韩国爆发金融危机时，很多大企业都遭遇到支付不足的困难，银行收紧信贷，股市暴跌，此时，韩国企业正是依靠发行高息公司债券才得以渡过难关。例如，1998 年与 1997 年相比，韩国企业公司债券月均发行额由 3 万亿韩元猛增到 7 万亿韩元。

(6)债券融资有更灵活的资金投向。民营企业通过发行债券筹集的资金，一般可以自由使用，不受债权人的具体限制，而信贷融资通常有许多限制性条款。如限制资金的使用范围、限制借入其他债务、要求保持一定的流动比率和资产负债率等。

(7)债券具有显著的财务杠杆作用。如果企业纳税付息前的利润率高于利息率，企业通过举债可以增加税后利润，从而使股东收益增加。债券融资还可以防止企业控制权的分散。由于债券的持有者仅享受债券的利息所得，不参与企业的经营管理，因此不会对企业的控制权造成威胁。而且，在发行普通股时，新股东因可以分享公司发行新股前所积累的盈余，某种程度上会降低每股的净收益，而债券融资就不会发生这种情况。

三、民营企业发展债券融资存在的障碍

我国债券发行的相关法律法规依据主要有《企业债券管理条例》《公司法》《证券法》《上市公司发行可转换公司债券实施办法》等法律法规。《企业债券管理条例》第二条规定：“本条例适用于中华人民共和国境内具有法人资格的企业在境内发行的债券。”法律虽然并没有明确指出民营企业不得发行企业债券，但其中的条条框框使民营企业想要通过债券融资是非常困难的。所以一直以来，在整个发债结构中还是以国债、政府债券以及一些有政府信用的金边债券为主。

此外，我国对债券投资者的保护法规不健全，也影响民营企业的债券融资。公司债券投资期限较长，债券价格一般波动不大，与股票投资相比，债券投资是一种低回报、低风险的投资，债券投资者以获得稳定利息收入为目的。然而，一旦发生债券发行主体无法偿清债务而导致破产的情况，债券投资者则本息全无。为此，发达国家的法律为保护(债券)投资者的权益做出了严格的规定，对强制性信息披露和禁止内部交易都有详细说明。而目前我国发债公司在无法偿清债务发

生破产时，无破产法律法规可以依循。例如，我国《企业债券管理条例》对债券发行主体的破产没有说明；《中华人民共和国破产法》对于国有企业和公用企业的破产有诸多规定，但对于债券发行主体的破产也无说明，这造成了债券发行主体破产无法可依的状况。由于民营企业的特殊发展历史，决定了当前它不可能拥有非常高的信用等级，没有对发行债券主体破产的法律根据，企业债券的投资者就没有利益的法律保障，从而一般的民营企业发行债券就不可能有很大的市场。

此外，债券担保是民营企业面临的一大难题。民营企业由于自身规模的限制，发行企业债券风险太大。国家曾明确对企业债的发行提出了担保要求，并规定："如发行人不能全部兑付债券本息，保证人应主动承担担保责任，将兑付资金划入企业债券登记机构或主承销人指定的账户。"也就是说，债券一旦出了问题，担保人要替发行主体还钱。而我国目前的资本市场尚处在发展初期，商业信用体系的约束力还非常弱，民营企业很难找到综合实力和信用等级都优于自己的担保主体。而合适的担保主体由于这种连带责任，是否愿意为民营企业发企业债担保又是一个问题。

第三节　促进民营企业债券融资的措施

债券融资是民营企业最具有潜力的直接融资形式之一。要积极创造条件，完善债券市场，促进民营企业债券融资的发展。

一、在完善民营企业产权制度的基础上"开绿灯"

从国际成熟资本市场看，债券一般分为两部分：政府债券(包括由政府担保和有政府背景的债券)和公司债券。最为典型的是美国，其债券市场也可分为两部分：政府债券(包括联邦政府债券和市政债券)市场和公司债券市场。其中的市政债券从广义角度讲属于地方政府债券，与联邦政府债券一起构成政府债券体系。在美国等资本市场发达的国家，没有与我国一直存在和发展的企业债券完全相对应的债券品种，其原因在于经济体制不同。在我国，国有企业是我国的经济主体，以前是，现在仍然是，这里面包括按照《公司法》规范的有限责任公司(包括国有独资公司)和股份有限公司，也包括没有经过《公司法》规范的企业，如国家电力公司以及众多的集团公司、总公司等。当然，满足《公司法》关于发行公司债券条件的有限责任公司和股份有限公司可以发行公司债券。

我国大量的民营企业虽然不满足《公司法》关于发行公司债券的条件，但它们无论从法律上还是从理论上都能发行债券。一是《企业债券管理条例》明文规定，在境内注册的独立企业法人都可以申请发债；二是很多民营企业也是承担"有限责任"的。因此，民营企业发行债券从理论上讲是没有问题的。

具体到如何为我国民营企业的债券融资开"绿灯"，从长远发展来看，第一，完善民营企业产权关系，所有的企业都按照《公司法》进行规范，使它们真正成为有限责任的法人主体；第二，按照国际惯例，对《公司法》等现有法律法规不符合市场经济发展要求的内容进行修改。在现阶段，可以研究推出住房抵押贷款证券化以及其他资产证券化债券等国际流行的先进的公司债券品种。

二、推进利率市场化，为民营企业债券融资创造更多的空间

由于历史原因，目前对企业债券利率的确定有明确的限制，《企业债券管理条例》明确规定，企业债券利率不得高于同期银行储蓄存款的 40%。《公司法》第 161 条也规定"债券的利率不得超过国务院限定的利率水平"。这样的规定，在 1993 年以后的三年治理整顿时期，对整顿金融秩序、治理社会集资混乱、防止企业以高息误导投资者等问题，确实发挥了重要的作用。但是，在经济形势和金融市场目前的情况下，这项规定开始显现出一些弊端：

(1)我国银行储蓄存款自 2006 年以来已连续多次降息，企业债券利率与目前资金市场利率相比，已没有太大的投资价值。即使信用级别为 AAA 的企业债券，投资者购买的积极性也很低。

(2)由于"不高于 40%"最高利率限制，发行人不管自身信用级别如何，为了能够吸引投资者，都把利率确定在"不高于 40%"的最高位。这样，使得债券利率不能反映资金供求的真实变动情况和不同企业的风险差异，信用级别不同、投资风险不同的企业债券，其名义投资收益率却是一样的，造成优质企业债券成本偏高，而一般性企业债券又不含风险收益，不符合"高风险、高收益，低风险、低收益"的市场规则。

(3)由于存在利率的最高限制，一些企业债券的发行产生困难，为了能够使企业债券发行出去，企业变相提高企业债券的实际收益率，扰乱了企业债券市场运行秩序。

企业债券市场缺乏风险机制和价格弹性，阻碍了企业债券市场的发展，这是理论界和证券界近些年议论最多的话题之一。推进债券利率市场化改革，是金融体制改革的重要组成部分，是社会主义市场经济发展的客观要求。

推进债券利率市场化，不仅可以促进我国企业债券市场的发展，也可以为民营企业的债权融资开拓更大的空间。企业债券利率市场化，是指企业债券利率的确定应根据不同企业的资信状况、信用评级结果，由发行人、承销商根据市场情况，确定适当的利率。资信好、信用级别高的企业债券，投资者承担的风险小，利率就应低一些；反之则应高一些。企业债券利率市场化还应根据发行人的情况和市场需要，设置各种各样的还本付息方式，如附息债券、浮动利率、附可选择权利率等。在利率市场化的条件可以根据民营企业的不同资信状况，确定不同的利率。资信好的民营企业债券利率可以低一些，反之则应高一些。这样，可以为不同的民营企业在不同的市场利率下提供更大的债券融资空间。

三、加快发展企业债券交易市场，促进企业债券市场的整体协调

目前，我国企业债券交易的场所只有上海、深圳两个证券交易所。这无论与国际资本市场相比，还是与目前我国股票市场相比，都存在太大的差距。交易市场发展非常缓慢的直接结果：一是企业债券市场缺了半边天，市场功能丧失了一半，不能整体协调发展；二是流通市场不发达，反作用于发行市场，使投资者信心不足。促进企业债券交易市场发展，提高企业债券流动性，已经成为备受大家关注的现实问题。随着我国经济改革的不断深入和资本市场的进一步发展，建立多层次的交易市场体系已迫在眉睫。首先，有关方面要为企业债券上市交易创造条件，鼓励符合条件的企业债券上市交易。其次，在有条件的地区开设柜台交易市场。对小规模、区域性的企业债券而言，在证券交易所申请上市成本高、门槛高。此类企业债券更适合在区域性柜台交易市场上市流通。

积极培育企业债券的机构投资者，是增强企业债券流动性的重要条件。各种类型的机构投资者是企业债券市场流动性的动力和来源，机构投资者的积极参与与企业债券市场流动性之间是互相促进、互相制约的互动关系，因此，解决企业债券市场流动性的必要条件之一就是大力培育各种类型的机构投资者，以形成机构投资者和企业债券流动性良性循环。除了一般的机构投资者外，企业债券基金和企业债券类委托理财是两个最重要的机构投资者。企业债券基金就是主要投资于各种企业债券组合的基金，通过组合管理，选取不同行业、不同规模、不同期限、不同利率形式的各种企业债券进入基金投资组合。随着 2002 年 8 月我国首个债券型基金——南方宝元债券型基金的问世，债券型基金在我国实现零的突破。南方宝元债券型基金主要投资于各类债券，包括国债、金融债、企业债、可转换债券等，这主要得益于国债和金融债的快速发展，相比之下企业债券逊色不少。

企业债券类委托理财业务主要是券商、信托等有委托理财资格的金融机构，运用受托资金直接进行企业债券投资。

四、规范企业债券监督管理，消除对民营企业的歧视

我国企业债券市场的监督管理模式是从 1987 年 3 月实施的《企业债券管理暂行条例》开始构架，经过 1993 年 8 月实施的《企业债券管理条例》进一步完善确定的，其核心主要是发行计划规模管理，募集资金投向纳入固定资产投资计划，具体发行采取审批制。这种监管模式在我国市场经济发展初期及资本市场发育不充分的背景下，发挥了很重要的作用。然而，近年来，我国经济市场化进程明显加快，资本市场逐步完善，尤其是我国加入 WTO 后，市场运行规则要求与国际惯例接轨，旧的企业债券监督管理模式已不适应不断变化的市场要求，必须按照市场化、规范化和与国际惯例接轨的原则，改革和完善现有企业债券监督管理模式。首先，淡化或逐步取消计划规模管理，只要企业需要、市场认可，能发出去，能及时兑付，就应该给包括民营企业在内的所有企业一个融资机会；其次，放宽企业债券募集资金使用限制，在主要用于固定资产投资项目的同时，可以用于调整债务结构、资金重组等其他的用途；最后，探索推行企业债券发行核准制，这是市场经济不断深入发展，政府淡化对企业债券市场直接控制的基本要求。

五、规范中介机构，强化社会对民营企业的监督

民营企业难以进行债券融资，除了政策等方面的因素外，一个很重要的原因是人们对民营企业的信用难于把握。要通过发展中介机构，发挥中介机构在民营企业信用评估中的作用，强化社会对民营企业的监督。我国参与企业债券运作的中介机构主要有承销商、信用评级(资信评估)机构、会计师事务所、律师事务所。近几年，经过有关部门积极推进，中介机构在企业债券市场的作用日趋明显。但总体上看，中介机构还不规范。因此，要进一步规范中介机构，提高中介机构的作用。一是提高承销商特别是主承销商对企业运行情况、盈利情况和偿债能力等方面的准确分析和判断能力；二是进一步规范评级行为，提高评级结果的公正性；三是会计师事务所的财务审计要保证真实、准确、完整。

第八章　民营企业的上市股票融资

我国开设证券市场的 20 多年里，绝大部分上市公司均为国有控股公司，因为我国证券市场设立时最初的目标是为国企改革服务。虽然近几年我国民营上市公司发展较快，但当前我国民营上市公司数量(尤其是直接上市的民营上市公司数量)占总上市公司数量的比重明显偏低，与民营经济在国民经济中日趋突出的重要地位极不相符。民营企业上市股票融资不仅使民营企业能够迅速筹集到巨额资金、扩大其经营和生产规模，而且给它们提供了持续融资的渠道和资本运作的舞台，使之能够通过收购兼并、联合重组等迅速扩充自身实力，促使企业向规模化、大型化方向发展。

第一节　民营企业上市股票融资的现状

一、民营企业上市股票融资的发展阶段

民营企业并不是很早就涉足股票市场，早期受到观念、上市额度等因素的限制，民营企业中只有极少数的幸运儿能够进入股票市场。截至 2016 年 12 月 31 日，我国共有 1 102 家民营背景的上市公司，占同期我国境内上市公司总数的 30.5%。

民营企业进入股票市场分为以下几个阶段：

(1)1992—1994 年为民营企业上市的起步阶段。1992 年 6 月 2 日，第一家民营企业沙河股份进入股票市场(由于其原有第一大股东华源电子科技有限公司已将所持股份转让，所以该公司不包括在统计范围内)，开了民营企业上市的序幕，但是与同期波澜壮阔的国企改制上市的场面相比，这一阶段只有少数民营企业进入股票市场。

(2)1995 年为民营企业上市的停滞阶段。1995 年股市处于低迷期，使得民营企业上市步伐也相应放缓，基本上处于停滞状态。

(3)1997—1998 年为民营企业上市的发展阶段。1998 年 3 月，私有民营企业新希望(000876)完成股份制改造上市，标志着民营企业进入股票市场的道路有了突破性进展。

(4)1999 年以后为民营企业上市的高速发展阶段。1999 年浙大海纳股份上市，自然人首次出现在发起人当中，4 名自然人“发起人”股东共占了 2%的股份；2000 年 12 月 19 日，民生银行作为我国首家主要由民营企业入股的全国性股份制商业银行正式上市，随着资本市场的逐步开放和国家扶持民营企业发展政策的不断出台，2000 年民营企业直接上市和买壳上市达到了前所未有的高峰；2001 年 1 月 18 日天通股份上市，这是第一家由“自然人”控股担任“发起人”并拥有控制权的 A 股公司，这成为我国股票市场里程碑式的事件。

二、民营企业获取股权的方式

民营企业进入股票市场的方式可以分为直接上市(上市前股东等)和买壳上市(受让股权)。因为主板市场长期以来一直坚持把为国有企业改革服务作为首要任务，所以，民营企业想在主板直接上市还是有一定的困难，故大多数民营企业主要采取买壳上市的方式进入股票市场。

2015 年采取直接上市方式的民营企业共有 57 家，约占入主上市公司民营企业总数的 37.7%，买壳上市的民营企业共有 94 家，约占入主上市公司民营企业总数的 62.3%。由此可见买壳上市是民营企业上市的主要方式。但是在 1996 年以前，民营企业多以直接上市的方式为主，从 1997 年开始，买壳上市的方式才逐渐增多，到 1998 年由于股市掀起了资产重组的高潮，买壳上市的民营企业数目呈现跳跃式增长，而 2010 年起再掀高潮。分析其原因，主要是受到当前股票市场制度框架的影响，我国股票存在流通股和非流通股两部分，企业买壳上市的主要方式是场外收购或称非流通股协议转让，一般是在其每股净资产的基础上加一个溢价，但是融资则是参考二级市场股价，实际上就形成了低价买壳、高价融资的框架，再加上国有资本从多个竞争性行业撤退的宏观经济背景的存在，这些因素都加大了民营企业买壳上市的动力。

三、民营企业上市的地区分布分析

为了更好地分析民营企业上市状况与地区经济发展的关系，把入主上市公司的民营企业按其注册地作为民营企业地区分布的划分标准。

一般来说，一个地区的民营企业发展状况与当地的经济活跃程度及政府支持力度密切相关，近年来，上海、浙江、广东、江苏等地纷纷出台有利于民营企业发展的政策措施，在一定程度上都促进了这些地区民营企业的发展。对其做进一步分析，可以发现民营企业上市在地区分布方面还具有以下几个特点：

(一)民营企业上市的地区分布不平衡

四川、上海、浙江、福建、广东入主上市公司的民营企业最多，约占上市民营企业总数的43%，深圳、湖北、黑龙江、湖南、辽宁、新疆、北京、江苏、重庆这9个省市进入股票市场的民营企业约占上市民营企业总数的39%；而海南、山东、吉林等13个省进入股票市场的民营企业约占上市民营企业总数的18%，可见这些地区的民营企业发展相对滞后。

从直接上市的民营企业数量来分析，浙江省直接上市的民营企业数为111家，高居全国榜首；四川、广东、上海、福建四地直接上市的民营企业数分别为61、51、38、32家。

(二)民营企业跨地区买壳上市的现象较为普遍

据不完全统计，在2015年发生的上市公司股权变更中，已经出现了320余家民营企业的身影，民营企业进入资本市场的步伐正在逐步加快。

民营企业买壳上市的行为很容易受到市场价格的影响，从而更倾向于是一种市场行为，且跨地区买壳上市的现象较为普遍，如深圳聚友网络买下四川泰康股份，北京世纪兴业投资集团买下贵州中天企业，等等，并且跨地区买壳多偏好于四川、贵州等内陆省区或者经济相对落后的地区，而对于本身拥有壳资源较多的深圳、上海等经济发达地区的壳公司则不太会引起民营企业买家的青睐，主要是受到经济发达地区的壳公司往往会成为市场的热点及价位过高的影响。

四、民营企业上市的行业分布分析

参考上市公司的行业分类，同时根据民营企业的主营业务把入主上市公司的民营企业大致划分为12个行业。民营企业涉足的上市公司规模普遍较小，且极少涉足国民经济传统支柱产业，如钢铁、汽车、石化等，因为这些产业更需要规模效应。此外，民营企业上市的行业分布还具有以下几个特色：

(一)分布行业广泛，少数行业较集中

入主上市公司的民营企业分布于12个行业，但是主要集中于信息技术、机械设备仪表、医药生物、石油化学塑胶塑料、综合类、房地产、纺织服装等，共有104家民营企业，约占上市民营企业总数的67.5%，其中又以信息技术、机械设备

仪表业高居榜首，综合类的民营企业也有12家之多，约占上市民营企业总数的7.8%，这体现了越来越多的民营企业倾向于多元化经营的趋势。民营企业对于一些传统行业，如农业、食品饮料和建筑材料等行业也都各有涉足。

(二)民营企业对商业银行等金融机构的控制逐渐加强

中国的民营资本控制着股份制商业银行总资产的14.6%，占保险公司保费收入的比例不低于7.4%，对证券公司的控制程度远远超过13%，控制着中国一半的金融租赁公司。中国的一些家族企业在金融领域的投资额达到80亿元，它们往往通过家族直接控股的公司或者家族关联公司对旗下金融机构有着很强的控制力。民营企业通过重组后组成的投资集团同时具备了资本和产业的优势。例如民生银行，其80%的控股股东都为民营企业，并且这些民营企业来自不同的行业，为未来多领域的投资打下了良好的基础。民营资本掌控民生证券。2002年8月18日，民生证券正式在北京成立，引人关注的是，这家新成立的证券公司中，民营资本在其中占有50%以上的股份。

(三)科技型民营企业占较高比例

信息技术、电子、医药生物等行业属于高新技术领域，这三个行业拥有的民营企业共计47家，约占上市民营企业总数的31.1%，多数进入证券市场的民营企业都具有技术含量高、成长性强、发展潜力大等特点。

五、民营企业上市的市场影响分析

民营企业通过直接或买壳进入股票市场必然会对市场产生正负两方面的影响，其正面影响为：

(1)有利于形成有效的法人治理结构。尤其是民营企业通过收购上市公司部分国有股或国有法人股来实现买壳上市后，使得原来过分集中的持股结构得以分散化。股权的有效分散才能够使上市公司形成真正意义上的法人治理结构，从而改善其决策和管理机制。

(2)有利于形成资源的优化配置，促进产业结构转型。民营企业入主上市公司是在产业结构大调整的背景下进行的，从实际发生的案例来看，民营企业买壳上市后，通过对原有壳公司不良资产的剥离，注入优质资产，尤其是注入的资产以高科技为主，给许多失去成长性的传统企业带来了新的活力，公司在转型后业绩呈现大幅增长趋势。

(3)有利于活跃股票市场。民营企业直接上市或买壳上市，特别是一些民营高科技企业进入股票市场，为市场注入了优质资产和新的经营理念，也为市场带来了新的题材与热点，极大地提高了投资欲望，活跃了市场交易。

其负面影响有：

(1)民营企业买壳容易、整合难。一部分民营企业通过股权转让等方式控股上市公司，达到了间接上市的目的，然而经过一两年的运作，相当一部分重组公司并未尝到预期的甜果，企业重组前存在的问题一时难以解决，老国企背负的债务负担、人员负担难以卸下，机制转换磨合困难，产业结构调整乏力，使得买壳公司寄予厚望的配股或增发新股变得很遥远，再加上民营企业入主后两种企业文化、理念的整合更非一日之功，这些问题的存在造成上市公司的经营业绩难以提升。

(2)民营企业股权频繁易主现象严重，影响了股票市场的稳定。近几年，经常出现一些上市公司的民营企业股东匆匆而进、匆匆而出的现象。这种大股东的频繁易主，一方面影响了上市公司的正常经营，另一方面造成公司股票的市场价格大起大落，影响了整个股票市场的健康发展。

(3)部分民营企业重组行为不规范。买壳上市的民营企业良莠不齐，有些民营企业着眼于未来，抱着踏踏实实把企业做好的态度，自入主上市公司以来，使上市公司业绩年年上升，得到了投资者的认同。但是不可否认的是，也经常出现民营企业重组行为不规范的案例，上市公司与庄家串通的恶性炒作，这些都给股票市场带来了极坏的影响。

综上所述，民营企业上市利弊共存。当前从政策方面应鼓励优秀的民营企业直接上市，而对买壳上市不应设有较高的门槛，迫切需要有关部门制定规则加以规范。民营企业自身要做好主业，经营好主打产品，形成核心竞争力，通过资本市场，真正做大做强，最终要达到上市公司与投资者双赢的局面，以促进我国股票市场健康稳定的发展。

第二节 民营企业上市股票融资的策略和程序

一、民营企业上市股票融资的意义

企业股票发行上市，对企业的经营与发展以及创业者和公司员工都有着重大而深远的意义。

(一)公开上市对企业的好处

(1)取得企业持续发展所需资金。资金对企业来说意味着：企业的创始资金；购买必要的生产设备；增加原材料或成品库存；进行新产品的研制与开发；偿还债务。当然，企业有了资金还可能进行购并活动，以此扩大企业规模，一个地方性企业很可能因此成为一个全国性的大企业。

(2)增加股票价值。股票发行上市后，原来的企业出让部分股权，和社会股东共同拥有一家企业，而企业最初的投资者，无论是企业主还是他的家人、朋友、创业资本家、合伙人，他们原来的股份价值通过市场的杠杆作用被放大，从而迅速增值。此外，企业还可以从公开上市公司中得到其他好处。例如，一个已上市的企业实际上拥有了更多未来的融资机会。如果该公司股票在二级市场表现好，他们只需出让很少一部分股权就可以取得与首次公开发行时一样多的资金。而且，公开上市给企业带来的另一好处就是改善企业形象。通常这些上市公司会频频在媒体上亮相，各大电视台、电台、报社和其他一些金融信息机构会对一些新上市公司进行跟踪报道，这对企业的成功经营有很大的帮助。

(二)公开上市对企业创始人的好处

对企业创始人来说，假如他们的企业上市了，毫无疑问，他们的财富增加了。只要在企业创始之时投入了一份资金，此时都会有巨大回报。如果原来的每股股份不到1元，但到了IPO(首次公开募股)时，其市值可能达到10元甚至更多。很多创业者倾其所有投资企业，因此当企业上市后，他们可以通过出让一些股权，收回部分投资。另外，公司在上市前由于资金短缺，一些管理人员会主动将工资暂时放在企业中，甚至借给企业，等企业上市后筹集到了资金，自然应该有所回报。

(三)公开上市对员工的好处

企业公开上市后，对公司员工的好处也毫无疑问。公司上市后规模扩大，大公司的工资水平比一般小企业高。另外，上市公司的股票期权对众多员工来说更是极具诱惑力。股票期权的价值随着股价而上涨，给员工特别是核心技术人员与管理人员提供股票期权是一种很好的激励机制，无论是作为投资者还是作为员工，他们都会关注这个企业，关注外界对企业的评价。如果员工能够在企业公开上市之前得到股票期权，那么他的财富就会被放大好几倍。股票价格的上升，会对这些员工小股东产生很好的激励作用，他们对企业也会更加尽心尽力。

二、民营企业上市地点的选择

(一)内地股票市场上市

当前，大多数民营企业想在创业板上市主要是因为没有达到主板市场的上市要求，对于原准备申请在创业板上市，目前已经满足主板市场上市条件的企业而言，当前应该怎样选择呢？

1. 争取在主板市场上市是最明智的选择

显然，在创业板市场正式推出之前，争取在主板市场上市是最明智的选择。虽然大陆的主板市场存在种种弊端与缺陷，但毕竟已经为上千家企业提供了源源不断的资金，成为众多国企赖以生存的“生命线”。特别是对于那些主要销售市场在大陆的企业，上主板市场是最佳的选择。因为内地的投资者很可能了解企业的产品、技术及管理层，可以从各种渠道了解企业的业绩与发展前景，认同企业的价值。在创业板推出后，有些企业也选择了创业板。

2. 买壳上市是民营企业的现实选择

目前市场上有一批企业因经营不善，处在为保壳而战的挣扎之中，这些企业不论是主动还是被动都存在被兼并的可能性与必要性。资本市场是资金的配置场所，宝贵的资金只能配置给效率最高的企业，很多民营高科技企业都是采取买壳的方式成功进入了股票市场，为今后发展打开了融资渠道。对于那些急于上市，又苦于达不到主板市场上市标准的民营企业可以考虑采取买壳上市的办法，只是要注意两个问题：一是慎重选择买壳目标(靶子企业)，控制好买壳成本；二是预先考虑如何整合两个不同企业的文化差异。

3. 进入创业板市场也是一种可行的选择

目前，创业板已推出多年。管理层和理论界也在考虑是否上市公司的股份可以全流通，全股份流通满足了股东随时变现的需要，有利于引入其他的机构投资者，优化股权结构和公司治理结构。另外，创业板上市的企业可以实施股票期权，为高层管理人员和技术骨干提供股权激励，有利于吸引和激励人才，提高企业的业绩，保持可持续发展。而且企业管理层的稳定和核心技术的掌握也可以增强投资者对企业发展前景的信心，对企业股票上市后的二级市场表现很有帮助。传统的融资体制已不能满足高风险、高投入的高科技企业的需要。因此，对于掌握了核心技术、发展前景广阔的中小民营企业，在创业板市场上市可以充分利用资本与技术两个轮子，加快企业前进的步伐。

(二)海外股票市场上市

1. 海外上市的意义

中国经济的蓬勃发展吸引了众多海外机构的注意，各大投资银行纷纷到大陆设立机构拓展业务，力求将内地部分优质企业推介到海外市场以获取丰厚的回报。海外资本市场对内地的民营高科技企业兴趣也日渐加大，它们召开各种形式的研讨会，目的只有一个，邀请内地的民营企业到海外股票市场上市。1999 年 7 月 14 日，中华网在美国 NASDAQ 成功上市，挂牌当日，股价由 20 美元劲升到 67.2 美元。搜狐网、新浪网、北大青鸟、托普科技等也相继在海外成功融资。

企业在海外市场上市，除可突破制约企业发展的资金瓶颈，特别是突破外汇资金不足的瓶颈，还可以得到两方面国内无法获得的帮助：一方面，真正实现规范与科学管理，与国际标准接轨。海外市场对企业的法人治理结构、内部控制、会计、信息披露等方面的要求不会因为是内地企业而降低标准，一切均必须按国际标准办。随着国际竞争的加剧，率先按国际标准规范的公司在即将到来的竞争中将更有实力。另一方面，海外上市可以提升内地企业的知名度，为企业拓展国际市场奠定良好的基础。另外，如果这些在海外成功上市的民营企业日后准备在内地上市，其过程也会比较顺利，先在我国香港上市后回到内地主板市场上市的广东科龙公司就是个典型。

2. 海外上市的方式

(1)注册投资公司上市。在海外注册一家投资公司，投资控股内地企业，然后控股公司在海外交易所申请上市，所筹资金投回到控股的内地企业，从而达到内地企业间接海外上市的目的(注意：海外证券交易所要求申请采取这种方式发行股票的民营企业应对其外汇来源提供合理的解释)。

(2)在海外二次上市。即一家企业在一家证券交易所(往往是母国的证券交易所)上市后，该股票同时以增量或存量的方式在另外一家证券交易所上市交易。增量方式，即一家企业通过增资发行代表母国的存托凭证的形式于海外交易所申请上市。存量方式，则是采取介绍的方式上市，也即其已发行证券无须做任何销售安排而在海外交易所申请上市的方式。这种方式假定该证券已有相当数量为广泛的社会公众所持有，故可预测其在二次上市后会有足够的流通量。

(3)海外买壳上市。买壳上市是指内地企业凭借收购海外上市公司的控制性权益与主要股权，取得上市公司的实际管理权，注入国内企业资产而实现上市的目的。买壳上市至少可以有两个作用：一是内地企业利用买壳上市方式，可以即期或短期内注入内地企业于被收购公司，实现收购上市的目的；二是可以避免海外证券交易所上市规则中对新申请人身份的限制，节省时间，尽快上市。内地企业曾经多次在我国香港以买壳方式成功上市。

(4)以投资基金的形式间接上市。利用投资基金的形式实现内地企业在海外的间接上市，即通过设立中外合资的基金管理公司，然后在海外募集设立国家基金，且申请在海外上市，所筹资金适度分散投资于国内市场，使得内地企业也能利用投资基金的集资功能，实现内地企业在海外的间接上市。

3. 海外上市地点的选择

民营企业在选择海外上市地点时可以主要参考以下几个因素：内地企业在海外市场上市时可获得市盈率的高低；二级市场股票交投活跃程度和升幅；上市成本和上市后的维持成本；企业管理层对海外市场及其背景的认识、熟悉程度；市场规模；市场流通性；平均发行量和发行市盈率。

4. 对民营企业海外上市的有关建议

选择适合企业自身条件的海外上市地点，是企业成功在海外上市的重要因素，根据对世界主要股票市场的运行特征、上市要求和市场条件的综合比较和分析，可以得出一些基本看法：规模较大、国际知名度较高的企业应优先选择纽约、伦敦股票市场上市，以充分利用这两个市场的优势；规模较小，以工程、资源为主的公司在澳大利亚市场上市是较好的选择；中等规模、市场集中在国内的企业，可考虑在我国香港市场上市，因为我国香港与内地联系日益紧密，投资者对公司加深了解时更加容易；产品主要在国际市场，中小规模、运作规范的企业可考虑在新加坡上市，以充分利用该市场的各种优势；日本市场相对独立，适应规模较大，与日本企业或市场有密切联系的公司可考虑在日本上市；规模小，知名度高的高科技企业可以考虑选择 NASDAQ 上市，这样可以充分利用美国投资者对高科技的青睐融资；规模小，知名度高，市场主要集中在大中华圈的民营企业、高科技企业，选择在我国香港创业板市场上市较佳；规模不大，致力于开拓国际市场特别是欧洲市场的企业，欧洲的 EASDAQ 和 AIM 也是可以考虑的对象。

当然，以上看法并不是一成不变的，而应随着有关市场情况的变化，企业条件的变化而进行适时调整。

5. 民营企业海外上市不容忽视的问题

要实现海外上市需逾越种种障碍。烦琐的上市申报程序、高额的发行费用、有限的筹资能力、股票发行风险、后续市场运作风险等，又足以令企业望而却步。例如国内的审批程序需涉及商务部、财政部和外汇管理局等若干部门，非常严格。就拿分别在内地主板市场和我国香港创业板上市的用友软件和金蝶国际相比较，同样是高科技软件企业，在产品销售市场上排名不分伯仲，而在内外不同的股票市场上发行股票的结局让人大跌眼镜。海外上市并不容易。

在市场表现方面，用友更胜一筹。开盘当天报出 76 元的高价，后来曾经摸高至 100 元，最后报收于 92 元，以摊薄的每股收益 0.4 元计算，市盈率高达 230 倍。而金蝶于 2001 年 2 月 15 日挂牌香港创业板，上市当日跌破发行价，虽然此后一路上扬，到 5 月 28 日达到最高点，也仅收盘于 4.43 港币，其市盈率远低于用友软件。

另外，海外市场大多实行注册制，只要满足上市条件，谁都可以申请发行股票，但是，一旦偏离了市场交易的基本要求，成熟、规范的退市制度也会毫不留情地把企业“请出”市场。NASDAQ 最低股价标准规定，倘若上市公司股价在 30 个交易日中低于 1 美元，必须在 90 个交易日内回升到 1 美元，并一连守稳 10 天，否则就要除名。海外股票市场关于公司下市标准的规定较为宽松，但其股票市场并未因此而让劣质股大量充斥，20 世纪 80 年代在美国两家交易所上市的公司，平均每年有众多上市公司各种原因而下市。相比起来，国内的 ST、PT 公司可谓幸运多了。

发达国家有着成熟的股份制发展历史，上市公司的法人治理结构和规范运作基础都比较好，这就使得国内企业在竞争中可能处于劣势。因此，如果国内企业能够在国内股票市场中逐步发展规范，具备一定实力后再考虑在海外上市(两地上市)，也许是更明智的选择。

三、民营企业上市的资格与条件

(一)在主板市场上市资格和条件

既然在大陆主板市场上市是最明智的选择，那么首先应清楚大陆主板市场对企业申请上市有哪些基本要求。

1. 主板市场上市的主体资格

(1)股份有限公司设立及其历次演变合法、有效；

(2)股份有限公司人事，财务，资产，机构，业务及产、供、销系统独立、完整；

(3)股东大会、董事会、监事会等组织机构健全、规范；

(4)公司财务会计制度、决策制度和内部控制制度健全、有效；

(5)信息披露制度健全，符合上市公司信息披露要求。

2. 主板市场上市的实质条件

根据《公司法》的规定，股份有限公司申请其股票上市必须符合下列条件：

(1)股票经国务院证券管理部门批准已向社会公开发行；

(2)公司股本总额不少于人民币 5 000 万元；

(3)开业时间在 3 年以上，最近 3 年连续盈利；原国有企业依法改建而设立的，或者本法实施后新组建成立，其主要发起人为国有大中型企业的，可连续计算；

(4)持有股票面值达人民币 1 000 元以上的股东人数不少于 1 000 人，向社会公开发行的股份达公司股份总数的 25%以上；公司股本总额超过人民币 4 亿元的，其向社会公开发行股份的比例为 15%以上；

(5)公司在最近 3 年内无重大违法行为，财务会计报告无虚假记载；

(6)国务院规定的其他条件。

(二)在创业板市场上市条件

在国内创业板市场上市除需满足主板市场的主体资格外，还需参照《创业板市场规则咨询文件》中《创业企业股票发行上市审核规则》的规定执行。

1. 创业板上市条件

按照《创业企业股票发行上市条例》规定的上市条件，在创业板市场上市需满足下列条件：

(1)首次公开发行新股后，股本总额不少于人民币 2 000 万元；

(2)首次公开发行新股后，持有股票面值达人民币 1 000 元以上的股东不少于 200 人；

(3)首次公开发行新股后，公开发行的股份不少于公司股份总数的 25%以上；

(4)首次公开发行新股后，本次发行前的股东持有的股份不少于公司股份总数的 35%以上。

2. 中国证监会判断需要考虑的因素

中国证监会在判断申请人是否符合发行上市条件时，还会考虑下列因素：

(1)在申请股票发行时的审计基准日，其经审计的有形资产是否达到人民币 800 万元；

(2)最近两个会计年度经审计的主营业务收入净额合计是否达到人民币 500 万元，最近一个会计年度经审计的主营业务收入净额合计是否达到人民币 300 万元；

(3)在申请股票发行时的审计基准日，资产负债率是否不高于 70%；

(4)招股说明书、上市公告书是否符合《公司法》《证券法》等法律、法规、规范性文件关于信息披露的规定；

(5)是否已经聘请主承销商进行辅导；

(6)是否已聘请保荐人。

3. 申请人在申请发行上市时应当注意的问题

(1)产品的科技含量；

(2)发展潜力和成长性；

(3)全部或大部分资产是否为现金、短期投资或长期投资；

(4)避免在提出发行申请前12个月内，进行合并、分立、资产置换、资产剥离等重大资产重组行为；

(5)避免在提出发行申请前12个月内，进行过增资扩股；

(6)避免主营业务收入主要来自关联交易；

(7)避免与控股股东或并行子公司存在同业竞争；

(8)按照《公司法》的有关规定，建立和健全组织机构；

(9)按照《创业企业股票发行上市条例》的规定设立独立董事，强化法人治理结构；

(10)满足《公司法》发起人数量的要求；

(11)谨慎处理认股权或股票期权的设置；

(12)会计师出具的审计报告应为非标准无保留审计意见。

四、民营企业上市承销商的选择

公开发行的公司都希望有一个成功的发行，一个比较理想的发行价格，且股票上市后交投比较稳定。承销商的职责就是帮助公司实现这一目标。虽然没有法律规定公司不能自销，但是，销售股票是一项很专业的工作，最好还是让该行业的专家来完成。NASDAQ上市标准有三套方案，相应的制度也比较灵活，只有熟练掌握其中操作技巧的专业人士才能充分利用制度上的灵活性。而且，在核准制下，企业上市按要求是由发行人申请、券商推荐的。

在IPO中担任协调或带头作用的承销商通常被称为主承销商。主承销商的责任是协调中介机构完成股票发行的准备工作，并邀请其他投资银行共同组成承销团。选择一家合适的主承销商是IPO筹备期极其重要的工作，从某种意义上讲，这家公司股票发行上市顺利与否就掌握在主承销商手中，不过反过来看，该主承销商的信誉也受其承销公司股票发行情况的影响。

因此，企业在挑选承销商时应注意以下几个方面的因素：承销商的规模、所擅长的专业与领域、在同行中的竞争力(每年的单项排名与综合排名)、与地方政府及中国证监会的关系、近年内有没有受到过监管机构的处罚、是否是“信誉主承销商”等。如果能听取最近与该券商合作过的上市公司人员对该券商的评价，则更有利于判别与选择。

中国证券业协会每年都要进行主承销商信誉考评工作，排名是对主承销商工作能力与态度的肯定，名次靠前的投资银行应该在民营企业的选择范围内。

五、民营企业上市应注意的问题

为支持我国民营企业进入资本市场融资，国家有关部委公布了相关的优惠政策，证券监管机构也放宽了企业上市资格的控制，将来的股票市场自然是国企、民企一视同仁，到底谁适合在资本市场融资应该由市场来决定。这对于众多国内民营企业，无疑是一大长期“利好”消息，很多企业也正在筹划、操作之中，但是在乐观之余再看上市的条件和具体操作方式，企业上市的难度仍然不小，也将不可避免地面临一系列的难题，需要认真解决。

(一)企业改制重组问题

根据《公司法》的规定，只有股份有限公司才能上市募集资金，因此民营企业首先面临着企业重组问题。众所周知，长期以来在自生自灭的环境下发展起来的民营企业，不同程度地存在产权结构单一、高度集中、管理上家族气氛浓重等弊病，与《公司法》规定的股份有限公司及上市的要求相差较大，特别是准备海外上市的民营企业，面对挑剔的海外投资者，有必要将自身的资产、负债、人员构成、产品经营、发展目标等，按有关法律法规进行全新组合和调整。

(二)财务制度问题

在企业改制过程中往往涉及合并、分立、资产剥离等事项，报表调整的合法合规是证监会发审委在审核时非常关注的问题，主要包括：

(1)原公司的会计制度与股份公司的会计制度的差异应做好调整；

(2)原来的会计核算不全，有避税问题的，应补交税款，并做好相应的账务调整；

(3)资产剥离过程中要进行账务和凭证调整，如属于会计政策的差异造成的政策性调整，只在申报的报表中调整。

财务报告是《证券法》信息披露要求中的必备内容，所以，提供符合法定要求的财务会计资料，是民营企业发行、上市顺利进行的主要前提。由于各国会计制度的不同，财务报告也就成为国内民营企业海外上市的一大难关。例如，在美国纽约交易所上市要求呈报连续 5 年的财务报表，而不是我国主板市场要求的 3 年，在国内上市有些必需的财务报表实际上根本不需要等。准备海外上市的民营企业首先要在技术上处理好财务会计制度的协调问题，既要执行国内的会计制度，又要按海外交易所证券法规的要求提供一套符合其会计准则编制的财务报表。因此，在财务报告处理上最好请一家国际会计师事务所，虽然前期费用会比较高，但是可以避免很多问题的发生，最终节省时间和费用。

(三)海外上市后的性质问题

民营企业海外发行、上市后，企业性质应视所募外汇资金的数额及比例而定。在我国，企业性质的属性又直接与所享受的各项待遇挂钩。根据国务院有关部委的规定，当所募外汇资本达到公司注册资本的 25%及以上时，可申请转为外商投资股份有限公司，成为外商投资企业的一种组织形式，适用国家法律对外商投资企业的有关规定及各级政府部门相应制定的一系列优惠政策；如所募资金达不到 25%时，只能是一般意义上的股份公司。可见 25%这一临界点，意味着上市后企业能否享受不同的待遇，应该引起海外上市民营企业的重视。

第三节　创造民营企业上市股票融资条件

一、我国股票市场的制度性缺陷

自 1993 年起，我国明确提出建立社会主义市场经济、发展资本市场的目标。理论界也充分认识到“没有一个初步形成的资本市场，市场融资不能成为基本的融资方式，社会资本就不可能得到有效的配置”。然而，我国股票市场的发展轨迹呈现出比较明显的两种特征：行政化和赶超式发展战略。

(一)行政化的资本市场

我国股票市场建立的初衷，并不是出于民间金融家规范资本市场的要求，而是作为国有企业改革的重要方案之一——股份制改造的尝试。可以说，最开始建立的股票市场，主要是出于企业制度改革的目的，而不是筹资的目的。但随着国有商业银行在不断积累不良贷款和金融风险后，股票市场也转变为解决国有企业高负债与资金困难问题、降低国有银行体系积累的信用风险的工具。既然股票市场成了为国有企业筹资的工具，政府的意图就由企业改革演变为使市场资金流向那些亟须资金的国有企业，具体表现为设立的股票上市标准都是为国有大中型企业量身定制的，民营企业和大量中小高新技术企业难以跨越市场的“门槛”。为了保证这一目标的顺利实现，政府沿用了计划经济的行政审批制度，先后通过证券配额制和审核制的形式，确保资金流向国有大中型上市公司。这样，股票市场就在国家强制性制度变迁的安排下，纳入行政化轨道，成为“有计划的资本市场”。

(二)赶超式发展战略

除计划经济的惯性之外，赶超式发展战略也对我国股票市场产生重要影响。为国有企业改革筹资是政府建立和发展股票市场的主要目的，但政府的意图绝不仅仅是改革国有企业，而且包含快速赶上发达国家。而股票市场就是一种有效动员全社会资源，为经济快速发展提供高效资本支持的形式。但我国资本市场起步太晚，存在信用不发达、投资者不成熟、产权制约较弱、潜在风险大等弱点，如果依靠市场的自发力量去发展股票市场，则大多数投资者会因为风险过大而不敢涉足，从而起不到资源动员的作用。政府为了弥补这种缺陷，以国家信用为股票市场发展做担保，以打消投资者的疑虑，促使他们将资金投入股票市场。这样，为了确保我国赶超式发展战略的实施，股票市场的政府干预具备了新的动力。

上述两种特征，使我国的股票市场演变成为一种“隐性担保契约”。也就是说，通过国家信用的形式为股票市场发展做担保，但这种担保并未采取明确的契约形式，而是体现在国家对股票市场的战略意图与市场管制之中，体现在政府对股票市场的利益偏好上。这实际上是“预算软约束”的新形式。具体地说，我国股票市场的隐性担保契约体现在以下三个方面：

(1)国有企业“预算软约束”向上市公司的移植。“预算软约束”是转型期国有企业的问题之一，它源于计划经济时期由于产权不明晰而导致的国家对企业的“父爱主义”。而在改制之后的国有上市公司，这个问题以新的形式重新出现。由于政府凭借国家信用对国有企业进行了“隐性担保”，因而一旦国有上市公司出现问题，面临“ST、PT”甚至摘牌时，政府就会出面组织“资产重组”。实际上，这些重组大多带有虚假或不正常行为，或是集团公司资产向上市公司转移，或是全社会国有资产向上市公司转移，出现“报表重组”“题材重组”和“资格重组”等现象。这样，股票市场在政府干预下难以对绩差国有上市公司行使“退出”的惩罚权力，股票市场因竞争而产生的优胜劣汰机制难以发挥作用，从而使国有上市公司也具备了“父爱主义”和“预算软约束”特征。

(2)政府监管中的利益偏好。资本市场对我国国有经济的功能主要表现在三个方面：为企业筹集资金，即“筹资效应”；促进企业产权结构和内部治理结构的转变，即“改革效应”；促进资源的再配置，即“重组效应”。从长期看，“改革”与“重组”的重要性显然要超过“筹资”的重要性。政府对股票市场的隐性担保，其初衷是要解决国有企业改革和赶超式发展的资金来源问题。所以，政府对股票市场的监管呈现出明显的利益偏好，在监管目标上普遍重视筹资数量和融资规模控制，轻视公司改制。其结果是，企业尽管为上市进行了公司制改造，但只是形成了公司制的“外壳”，没有形成公司制的实质和内涵。上市公司的竞争机制、监控机制、激励约束机制均未有效形成。这其中突出的表现是国有上市公司的股权结构。目前绝大多数国有上市公司的国有控股比例均在50%以上，而且绝大多数国有股不能上市流通。这种“一股独大”的局面，使上市公司难以实现现代企业制度对激励约束机制的要求。

(3)对股票指数上下限的控制。政府要通过股票市场实现为国有企业筹资和赶超式发展服务的目标，而这依赖于股票市场的相对平稳发展。所以，政府必然采取行政性手段以及控制上市规模与发行速度等措施，对市场走势(股票指数)进行干预。也就是说，政府要力图将股票指数控制在一个理想区域内，超过这一区域则采取干预措施。这种人为制造的“稳定股票市场”实际上向投资者传递了这样一个信号：在国家信用的担保之下，股市的投资风险被政府控制在一定限度内，进入股市的投资者将获得相对稳定的预期利润。这有利于吸引资金入市，从而达到政府为国有企业筹资和赶超式发展的目的。

政府对股票市场的隐性担保契约，对我国股票市场的建立和发展起了重要作用。但是，由于这种契约没有解决经济转轨中的“预算软约束”问题，引发国有企业、民营企业对直接融资成本的不同评价，从而导致了阻碍民营企业上市融资的“逆向选择”现象。

二、国有企业、民营企业的直接融资成本差异及其逆向选择效应

在政府对股票市场实行隐性担保契约的条件下，我国股票市场上出现了以下现象：大量进入股票市场的是国有企业，而民营企业难以进入股票市场，市场资金持续向国有企业集中。从横向比较来看，上市公司的经营业绩大大低于民营企业的经营业绩，2010年以来，我国民营企业的资本利润率均在10%以上，利润增长率在15%以上；而对于上市公司来说，2010年以来的净资产收益率(相当于资本利润率)均在10%以下，收益增长率在4%以下。

从纵向比较来看，我国上市公司历年的业绩呈整体恶化趋势，无论是每股收益还是净资产收益率都呈下降趋势。

尽管上市公司的资金使用效率如此之差，但国有上市公司仍占据很大的比重，高效率的民营企业难以进入，直接融资仍大量流入国有上市公司，逆向选择的情况是比较明显的。那么，为什么会出现这种情形？这里逆向选择的出现有其特殊性。从逆向选择理论的经典文献（Akerlof，1970）中可以看出，常规的逆向选择问题，起因于市场上交易双方存在“信息不对称”，迫使信息劣势方对信息优势方采取一个规避风险的评价标准，低于此标准即停止交易。这使得高于此标准的信息优势方因不合算而退出交易，从而形成类似于“劣币驱逐良币”的逆向选择效应。而我国股票市场上的逆向选择问题，则并不是起因于信息不对称，而是起因于国有企业、民营企业对直接融资成本的评价的区别，而这种区别又与政府的隐性担保契约和国有企业的股权结构有关。

任何上市融资的企业，都必须权衡各种融资方式下融资成本的大小。通常这种权衡是在直接融资与间接融资之间进行的。如果企业向银行贷款，成本是还本付息。而上市融资的主要成本有两种。第一种成本是“恶意收购”。如果上市公司效益不佳，将引起股价下跌或ST、PT甚至摘牌，造成被其他投资者“恶意收购”的结果；而一旦企业被恶意收购，管理层将面临被解雇的威胁。这是一种隐性成本，也是直接融资给上市企业带来的主要压力。第二种成本是上市评估和信息披露成本。根据监管机构的要求，申请上市的企业必须聘请专业的法律和会计、审计机构进行专业的上市评估服务和信息披露服务等，这些服务的成本在国内外都是不低的。这是一种显性成本。

对于上述直接融资成本，国有企业和民营企业采取的是不同的态度。对于国有企业来说，它可以把这些成本转嫁到国家信用上去，即融资成本外部化。融资成本外部化有三条具体途径：一是由于政府监管对企业筹资的偏好胜过对企业治理结构改革和资源再配置的偏好，因此国有企业可以保持“一股独大”的股权结构，而且国有股大部分不能流通，这就使国有上市公司不会因为股价下跌而面临“恶意收购”的威胁；二是政府对股价波动上下限的控制，给股市投资者相对稳定的利润预期和相对较低的风险预期，阻止投资者的资金撤离，再次避免了国有上市公司因为股价下跌而面临“恶意收购”的可能性；三是政府对国有上市公司的隐性担保，使政府对国有企业的“父爱主义”向上市公司移植，国有上市公司在出现问题面临ST、PT甚至摘牌时，政府通过出面组织“资产重组”继续向上市公司注资，这使得国有上市公司可以将上市所需的各种显性成本转嫁到国家信用上，出现传统的“预算软约束”行为。这样，国有上市公司的直接融资成本大大减少，甚至等于零。相比之下，国有企业向银行贷款还需要还本付息。因此国有企业的直接融资将是理性的选择。

而对于民营企业来说，它的直接融资成本是不能外部化的。民营企业不存在受政府保护的行政性“一股独大”的股权结构，无法避免因股价下跌而被“恶意收购”的威胁。此外，政府的隐性担保契约，主要目的是为国有企业筹资和赶超式发展服务。所以，一旦民营企业面临 ST、PT 或摘牌的命运，它难以指望政府会通过“资产重组”的注资方式来拯救自己，这就使它不能不考虑上市融资所需要的各种显性成本。这样，民营企业的融资成本就必须完全由自己内部消化，无法转嫁到国家信用上面。与申请银行贷款或民间借贷只需还本付息相比，民营企业的直接融资边际成本将大于或等于间接融资边际成本，因此民营企业在许多情况下选择直接融资将是不合算的。

正是由于上述国有企业、民营企业对直接融资成本评价的区别，国有企业上市融资的积极性将高于民营企业。尽管监管部门的上市审批标准对各种所有制企业都是相同的，但上述区别将直接导致国有企业挤占民营企业的上市机会。国有企业之所以会出现直接融资成本低于间接融资成本的情况，是由于政府对国有上市公司的隐性担保，使得国有上市公司可以将直接融资成本转嫁给国家信用，这相当于政府给国有上市公司带来一种额外的利润，即由体制性安排产生的“政策租金”。国有上市公司作为理性的市场参与主体，必然从自身利益出发而去争取这种租金，这实际上是一种寻租行为。而寻租是需要成本的，即向监管部门争取上市额度所需要的“公关”费用或寻租成本。假定拟上市企业的边际寻租成本(每增加一单位直接融资所需要的寻租成本)为 M，则 M 实际上成为政府隐性担保契约为企业上市所设置的一道“门槛”。国有企业就可以通过有利可图的寻租行为挤占民营企业的上市机会，软预算约束的国有企业在股票市场上排挤了硬预算约束的民营企业。

三、民营企业上市融资需要股票市场的制度创新

我国民营企业直接融资遇到的障碍是一种制度性障碍。这种障碍的深层次根源在于我国股票市场制度的变迁动力、方式和路径。政府对股票市场的制度变迁起到了主导作用：提供制度变迁方案，并具体实施股票市场的制度变迁过程。而为了保证股票市场持续地为国有企业和赶超式发展战略服务，政府又必须对股票市场实行隐性担保契约，这就为拟上市国有企业提供了融资成本外部化的机会，

制造了“政策租金”和寻租激励，使融资成本外部化和边际寻租成本成为国有企业挤占民营企业上市机会的“门槛”。目前，要为民营企业直接融资打通渠道，政府有关部门除通过自身制度建设制止“寻租”行为之外，还需要解除政府隐性担保契约，促使“政策租金”消散等制度创新措施。

（一）解除政府的隐性担保契约

政府对国有企业和股票市场的隐性担保，是民营企业直接融资障碍的制度性原因。要解除这个契约，政府就需要改变依靠国有企业发展民族经济的战略意图，把国有经济和政府职能定位于弥补市场缺陷。这就要求通过国有经济的战略性调整，使其逐步退出竞争性领域。在此基础上，政府逐步淡化对国有上市公司和投资者进行保护的角色，不再通过各种“救市”政策向国有上市公司注资，切断国有上市公司将直接融资成本转嫁至国家信用的途径，使起因于政府隐性担保的“政策租金”逐步消散。同时，政府还需要使国有上市公司将直接融资成本内部消化。这样，国有企业和民营企业就可以站在同一起跑线上争取上市机会，有利于民营企业进入股票市场。

（二）矫正股票市场功能定位

我国股票市场功能长期被锁定在为国有企业“筹资”上，股票市场优化资源配置功能受到极大抑制。这不但阻止了资源由国有上市公司向其他所有制企业的合理流动，而且为国有上市公司将直接融资成本外部化提供了条件。显然，当前不应再强调股票市场的筹资功能，而应将资源有效配置作为股票市场的首要功能。为此，必须矫正股票市场现有的功能定位，以制度创新为契机，把企业素质、业绩和潜在发展能力作为公司能否上市的第一标准，让有发展潜力的民营企业成为国民经济和股票市场的基础。

（三）建立健全上市公司退出机制

目前，许多国有上市公司即使因效益下滑而缺少投资价值，却由于种种原因迟迟无法退出市场。这种保护性的制度安排，是国有上市公司的直接融资成本外部化的途径之一。这要求管理层摒弃所有制标准，尽快建立健全并启动强制性的市场退出程序。同时，还需要探索国际上更加流行的退出途径，即由绩优上市公司收购业绩差上市公司的“退出”途径。

（四）扩大股票市场监管部门的独立性

要真正解除政府的隐性担保契约，还需要消除政府对股票市场的不恰当干预，这就要求保证证券监管部门的独立性。从近期安排考虑，应赋予证监会以较大权限，独立行使市场监管职能，通过制定交易规则和维护市场秩序，提高市场效率。从长远来看，监管部门的独立性要求政府逐步从竞争性的资产经营和管理中退出，专门从事社会经济管理职能。

第九章　民营企业其他融资模式

第一节　票据融资

一、票据融资的概念

票据融资又称融资性票据，是指票据持有人通过非贸易的方式取得商业汇票，并以该票据向银行申请贴现套取现金，实现融资目的。票据融资就是用持有的未到期的商业票据抵押给融资方(银行)向其借入资金的商业行为。票据贴现融资是票据持有人在资金不足时为加快企业资金周转、促进商品交易而向银行提出的金融需求。票据一经贴现，便归贴现银行所有，贴现银行到期可凭票直接向承兑银行收取票款。在我国，商业票据主要是指银行承兑汇票和商业承兑汇票。以商业票据进行支付是商业中很普遍的现象，但如果企业需要灵活的资金周转，往往需要通过票据贴现的形式使手中的“死钱”变成“活钱”。票据贴现可以看作银行以购买未到期银行承兑汇票的方式向企业发放贷款，贴现者可预先得到银行垫付的融资款项，加速公司资金周转，提高资金利用效率。

二、票据融资的优势

票据融资方式的好处之一是银行不按照企业的资产规模来放款，而是依据市场情况(销售合同)来贷款。企业收到票据至票据到期兑现之日，往往是少则几十天，多则 300 天，资金在这段时间处于闲置状态。企业如果能充分利用票据贴现融资，远比申请贷款手续简便，而且融资成本很低。票据贴现只需带上相应的票据到银行办理有关手续即可，一般在 3 个营业日内就能办妥，对于企业来说，这是“用明天的钱赚后天的钱”，该融资方式值得中小企业广泛、积极地加以利用。对目前我国众多的中小企业来说，普通贷款往往因为资本金规模不够，或无法找到合适的担保人而贷不到钱，因此，票据贴现无须担保、不受资产规模限制的特性对它们来说就更为适用。

票据贴现的另外一个优势是利率低。票据贴现能为票据持有人快速变现手中还未到期的商业票据，手续方便、融资成本低，是受广大中小企业欢迎的一项银行业务。贴现利率在人民银行规定的范围内，由中小企业和贴现银行协商确定。企业票据贴现的利率通常大大低于到银行发放商业贷款的利率，融资成本下降了，企业利用贷款获得的利润自然也高了。

三、票据融资的种类及各自特点

(一)银行承兑汇票贴现

银行承兑汇票贴现是指当中小企业有资金需求时，持银行承兑汇票到银行按一定贴现率申请提前兑现，以获取资金的一种融资业务。在银行承兑汇票到期时，银行则向承兑人提示付款，当承兑人未予以偿付时，银行对贴现申请人保留追索权。

银行承兑汇票贴现的特点：银行承兑汇票贴现是以承兑银行的信用为基础的融资，是客户较容易获取的融资方式，操作上也较一般业务灵活、简便。银行承兑汇票贴现中贴现利率市场化程度高，资金成本较低，有助于中小企业降低财务费用。

(二)商业承兑汇票贴现

商业承兑汇票贴现是指当中小企业有资金需求时，持商业承兑汇票到银行按一定贴现率申请提前兑现，以获取资金的一种融资业务。在商业承兑汇票到期时，银行则向承兑人提示付款，当承兑人未予以偿付时，银行对贴现申请人保留追索权。

商业承兑汇票贴现的特点：商业承兑汇票贴现是以企业信用为基础的融资，如果承兑企业的资信非常好，则相对较容易取得贴现融资。对中小企业来说，以票据贴现方式融资，手续简单，融资成本低。

(三)协议付息票据贴现

协议付息票据贴现是指卖方企业在销售商品后持买方企业交付的商业汇票(银行承兑汇票或商业承兑汇票)到银行申请办理贴现，由买卖双方按照贴现付息协议约定的比例，向银行支付贴现利息后，银行为卖方提供的票据融资业务。该类票据除贴现时付息按照买卖双方贴现付息协议约定的比例向银行支付外，与一般的票据贴现业务处理完全一样。

协议付息票据贴现的特点：票据贴现利息一般由贴现申请人（贸易的卖方）完全承担，而协议付息票据在贴现利息的承担上有相当的灵活性，既可以是卖方，也可以是买方，还也可以双方共同承担。与一般的票据相比，协议付息票据中贸易双方可以根据谈判力量以及各自的财务情况决定贴息利息的承担主体以及分担比例，从而达成双方最为满意的销售条款。

第二节　租赁融资

一、租赁融资的概念

融资租赁是指实质上转移与资产所有权有关的全部或绝大部分风险和报酬的租赁。也就是说，出租人根据承租人对租赁物件的特定要求和对供货人的选择，出资向供货人购买租赁物件，并租给承租人使用，承租人则分期向出租人支付租金，在租赁期内租赁物件的所有权属于出租人所有，承租人拥有租赁物件的使用权。租期届满，租金支付完毕，并且承租人根据融资租赁合同的规定履行完全规定义务后，对租赁物的归属没有约定的或者约定不明的，可以协议补充；不能达成补充协议的，按照合同有关条款或者交易习惯确定，仍然不能确定的，租赁物件所有权归出租人所有。

融资租赁是集融资与融物、贸易与技术更新于一体的新型金融产业，由于其融资与融物相结合的特点，出现问题时租赁公司可以回收、处理租赁物，因而，在办理融资时对企业资信和担保的要求不高，非常适合中小企业融资。此外，融资租赁属于表外融资，不体现在企业财务报表的负债项目中，不影响企业的资信状况，这对需要多渠道融资的中小企业而言是非常有利的。

融资租赁和传统租赁一个本质区别就是传统租赁以承租人租赁使用物件的时间计算租金，而融资租赁以承租人占用融资成本的时间计算租金。融资租赁是市场经济发展到一定阶段而产生的一种适应性较强的融资方式，市场潜力很大，被誉为“朝阳行业”。

二、租赁融资模式

（一）简单融资租赁

简单融资租赁是指由承租人选择需要购买的租赁物件，出租人通过对租赁项目风险评估后出租租赁物给承租人使用。在整个租赁期间，承租人没有所有权但享有使用权，并负责维修和保养租赁物件。出租人对租赁物件的好坏不负任何责任，设备折旧在承租人一方。

1. 直接租赁

直接租赁是指租赁公司用自有资金、银行贷款或招股等方式，在国际或国内金融市场上筹集资金，向设备制造厂家购进用户所需设备，然后租给承租企业使用的一种主要融资租赁方式。这种直接租赁方式是由租赁当事人直接见面，对三方要求和条件都很具体、清楚。直接租赁方式没有时间间隔，出租人没有设备库存，资金流动加快，有较高的投资效益。

2. 回租租赁

回租租赁也叫售后回租，是指由设备物主将自己拥有的部分资产(如设备、房屋)卖给租赁公司，然后从该租赁公司租回来的做法。回租是当企业出现现金困难时对企业改善财务状况非常有利的一种做法，通过回租，承租人可以把固定资产变为现金，再投资于其他业务方面，而同时，在租期内仍可继续使用这些资产。

3. 转租赁

转租赁是指以同一物件为标的多次融资租赁业务。在转租赁业务中，上一租赁合同的承租人同时又是下一租赁合同的出租人，称为转租人。转租人向其他出租人租入租赁物件再转租给第三人，转租人以收取租金差为目的。租赁物品的所有权归第一出租人。

(二)杠杆租赁

杠杆租赁又称平衡租赁或减租租赁，是融资租赁的一种高级形式，适用于价值在几百万美元以上，有效寿命在10年以上的资本密集型设备的长期租赁业务，如飞机、船舶、海上石油钻井平台、通信卫星设备和成套生产设备等。杠杆租赁是指在一项租赁交易中，出租人只需投资租赁设备购置款项20%～40%的金额，即可在法律上拥有该设备的完整所有权，享有对设备100%投资的同等税收待遇；设备购置款项的60%～80%由银行等金融机构提供，但需出租人以租赁设备做抵押、以转让租赁合同和收取租金的权利做担保的一项租赁交易。由于出租人用少量的资金推动了巨额的租赁业务，其财务状况具有杠杆效应。

(三)委托租赁

委托租赁是指出租人接受委托人的资金或租赁标的物，根据委托人的书面委托，向委托人指定的承租人办理融资租赁业务。在租赁期内，租赁标的物的所有权归委托人，出租人只收取手续费，不承担风险。

(四)项目融资租赁

项目融资租赁是指承租人以项目自身的财产和效益为保证，与出租人签订项目融资租赁合同，出租人对承租人项目以外的财产和收益无追索权，租金的收取也只能以项目的现金流量和效益来确定。出售人(即租赁物品生产商)通过自己控股的租赁公司采取这种方式推销产品，想要扩大市场份额，租借通信设备、大型医疗设备、运输设备甚至高速公路经营权都可以采用这种方法。

第三节　典当融资

一、典当融资的概念

典当融资是指中小企业在短期资金需求中利用典当救急的特点，以质押或抵押的方式，从典当行获得资金的一种快速、便捷的融资方式。典当行作为国家特许从事放款业务的特殊融资机构，为中小民营企业和个人解决短期需要，发挥主流融资渠道的辅助作用。正因为典当行能在短时间内为融资者提供更多的资金，目前正获得越来越多创业者的青睐。

由于典当融资小额性、短期性、安全性、便捷性等本质与中小民营企业融资贷款额度小、周期短、频率高、需求急的特点相吻合，因此，成为规模较小的民营企业解决燃眉之急的有效融资方式。

二、典当融资的优势

首先，与银行对借款人的资信条件近乎苛刻的要求相比，典当行对客户的信用要求几乎为零，典当行只注重典当物品是否货真价实。而且一般商业银行只做不动产抵押，而典当行则可以动产与不动产质押两者兼为。

其次，到典当行典当物品的起点低，千元、百元的物品都可以典当。与银行相反，典当行更注重对个人客户和中小企业服务。

再次，与银行贷款手续繁杂、审批周期长相比，典当贷款手续十分简便，大多立即可取，即使是不动产抵押，也比银行要便捷许多。

最后，客户向银行借款时，贷款的用途不能超越银行指定的范围，而典当行则不问贷款的用途，资金使用十分自由。如此周而复始，大大提高了资金使用率。

第四节　非正式民间融资

一、民间融资的概念

民间融资是指出资人与受资人之间，在国家法定金融机构之外，以取得高额利息与取得资金使用权并支付约定利息为目的而采用民间借贷、民间票据融资、民间有价证券和社会集资等形式暂时改变资金所有权的金融行为。

从金融体系的发展来看，非正式金融曾经是融资的主要渠道，随着有组织的金融市场和现代金融机构的发展，其作用正在逐渐下降，但由于中小型民营企业存在正规融资困难的情况，所以，民间融资的规模也不容忽视。

中小民营企业在出现资金需求方面的缺口时，若得不到正规金融机构的资金支持，那么，中小民营企业为了继续发展或解决企业暂时性资金短缺，目光势必要转向民间借贷。而民间金融的特性，决定民间资金相互融通的可行性。

第一，民间融资在交易成本上天然地具有比较优势。由于信息不对称，正规金融机构在确定是否借贷时，必须考虑：逆向选择下进行事前的项目筛选；监控借款人机会主义行为，以及相应处罚；针对逆向选择的信贷配给。民间融资在借贷也涉及上述成本，但跟正规金融机构相比，它具备两方面的比较优势：一是借贷双方由于地缘关系，所属圈子小，使得事前筛选和事后监督成本低；二是能够借助信息优势通过利率杠杆调节信贷市场供求。所以，正规金融和民间融资是基于不同信息结构和交易模式的融资市场。另外，只要个体信用差异持续存在，民间融资将持续存在。

第二，民间信用的主要对象是“弱势群体”。由于征信制度的缺失，正规金融机构在确定是否给中小民营企业提供借贷时，会再三衡量，使得相当部分企业的信贷需求被商业银行拒贷，只好转向民间借贷。民间借贷双方交易能否实现，很大程度依赖于所处的社会关系网络，而社会关系网络由于地缘的缘故，具有一定的半封闭性，各种资源流通局限于小范围，在这个范围之内，独立的个体能否很好地利用这些资源，信用和诚信是决定性因素，更何况，在这个圈子里，个体信息状况是透明或半透明的，所以，民间借贷对信用的利用程度很高，加上借贷双方完成交易程序简便，有时只需一张借据即可，无形中减少了资金需求者成本，提高了融资效率。

二、民间融资的优势

(一)机制优势

在我国的现实经济生活中，正规金融机构的贷款行为有时会受到行政力量等非市场因素的影响，贷款基准利率也是管制利率，而民间融资中的借贷行为和利率都是市场化的。因此，民间金融是一种纯粹的市场金融形式和市场金融交易制度。

(二)信息优势

正规金融机构贷款中的信息不对称现象是经常存在的，有的借款人为了得到贷款，甚至不惜编造虚假的财务数据或实施其他造假行为，而民间融资中的当事人往往彼此了解，与融资相关的信息极易获得且高度透明。

(三)成本优势

在民间融资过程中，融资前的信息搜寻成本和融资后的管理成本很低，一般也不需要对融资方“公关”而支付“寻租”成本，因而，融资交易成本较正规金融很可能更低。

(四)速度优势

民间融资无烦琐的交易手续，交易过程简便快捷，融资效率高，能尽快达成交易，使借款人迅速、方便地筹到所需资金。

民间金融的存在和发展尤其客观，对支持地方经济发展，特别是民营经济的发展发挥了积极作用，成为正规金融的有益补充。但民间借贷由于缺乏必要的法律规范和管理，具有很大的盲目性和不确定性。基于这两个因素，在对待民间借贷问题上坚持疏堵并举。“疏”是规范民间借贷的发展，引导民间借贷向有利于经济发展的一面发展，建立各种相关的法律法规，为民间借贷构筑一个合法的活动平台；“堵”就是堵住民间借贷的负面作用，通过各种措施，加大合法金融对中小民营企业的支持力度，增加贷款数量，加大打击高利贷和社会黑势力的力度。

第五节　品牌融资

一、品牌融资的概念

品牌最原始的含义是符号，其目的是借以辨认某个销售者或销售群体的产品或劳务，并使之同竞争对手区别开来。品牌战略就是指企业为了提高企业产品的竞争力而进行的，围绕着企业及其产品的品牌而展开的形象塑造活动。它是企业为了生存和发展而围绕品牌进行的全局性的谋划方略，是企业整体发展的重要内容。品牌战略的目的就是创立和发展名牌。名牌往往是经济实力和竞争力的象征，一个企业、一个地区、一个国家名牌的多少、大小、强弱，往往反映该企业、该地区、该国家经济实力和竞争力的强弱和大小。

品牌融资就是指借助外界某些已经成熟的可利用资源，将其他品牌或资源的品质和特点进行有效的捆绑和嫁接，利用最少的资金达到塑造自己品牌形象的目的，进而转化为提升产品在市场上的竞争力。

品牌尽管是无形资产，但它往往能带来和创造出比有形资本更大的增值效应。品牌资本是代表特定品牌象征的企业资本，是一种超越生产商品本身和所有有形资产以外的价值。随着经济变革的不断推进，现代企业的竞争已不仅仅局限于物质资本的竞争，技术、人才、品牌等无形资本的竞争更能决定企业未来的实力。因此，现代企业决策者应重视品牌的力量，将无形资产转化为有形并资产，这样才能从中受益。

所谓的品牌战略，包括品牌化决策、品牌模式选择、品牌识别界定、品牌延伸规划、品牌管理规划等内容。

(一)品牌化决策

品牌化决策解决的是品牌的属性问题，是把品牌战略转化为具体行动过程的策略和办法。在品牌创立之前企业就要选择好是制造商品牌还是经销商品牌、自创品牌还是加盟品牌。不同的品牌经营策略，预示着企业不同的发展路径，如选择"宜家"式的产供销一体化，还是选择"麦当劳"式的特许加盟方式。总之，不同类别的品牌，在不同行业与企业所处的不同阶段有其特定的适应性。因此，决策的正确与否关系到品牌的成败和兴衰。

品牌决策主要包括以下内容：

(1)品牌质量决策主要是制造商的一种品牌决策，它是对品牌质量水平和质量目标的一种决策。对品牌质量起决定作用的是在制造环节。制造商在进行品牌决策时，必须决定其品牌质量水平，以确定和保持其品牌在目标市场上的地位。所谓品牌质量是指反映产品耐用性、可靠性、精确性、时代性等价值属性的一个综合尺度。

(2)制造商对品牌质量决策时，要考虑品牌质量的市场定位。其质量水平的确定应以目标市场的具体需求为转移。目标市场是高消费人群，应定为高档质量；目标市场是中低消费人群，则应定为中低档质量。

(3)制造商在对品牌的最初质量水平进行决策以后，随着市场情况的变化，还可适时调整其决策。其可供选择的决策有三种：

1)提高品牌质量。这是企业的总体发展趋势，尤其是在技术进步和消费者消费档次普遍提高以后，应及时提高品牌质量以适应消费者的新需求，这有利于提高市场占有率和增加效益。

2)保持品牌质量。在一定时期消费者需求变化不大时，应保持质量。

3)降低产品质量。当消费者购买力下降时采取这种办法，例如在经济紧缩或衰退时期，高档质量产品销不出去应改变为中低档质量。

(4)品牌价格决策是指对价格水平和价格调整方案的决策，包括两个方面：

1)品牌最初价格水平的确定，要根据市场目标分别确定低档价格、中档价格、高档价格。

2)品牌价格动态调整决策。根据市场变化，企业应分别采取降低价格决策、保持价格决策、提高价格决策。它们一般与品牌质量决策相一致，即低档质量低档价格、中档质量中档价格、高档质量高档价格，质量提高，价格也提高。

品牌价格决策与品牌质量决策也会有不衔接或不一致的情况。在某些情况下，品牌质量提高并不一定相应地提高品牌价格，而采取维持价格甚至降低价格的决策，尤其是在经济处于衰退时期，技术进步、成本降低和供大于求实行价格战的情况下往往会出现这种决策。

(二)品牌模式选择

品牌模式选择解决的是品牌的结构问题，即选择综合性的单一品牌还是多元化的多元品牌，选择联合品牌还是主副品牌等。品牌模式无好坏之分，却有一定的行业适用性与时间性。如日本丰田汽车公司的“凌志”汽车在进入美国的高档轿车市场时，没有继续使用“TOYOTA”，而是另立一个完全崭新的独立品牌“凌志”，这样做的目的是避免“TOYOTA”会给“凌志”带来低档次印象，而使其成为可以与“宝马”“奔驰”相媲美的高档轿车品牌。

(1)单一品牌又称统一品牌，它是指企业所生产的所有产品都同时使用一个品牌的情形。这样在企业不同的产品之间形成了一种最强的品牌结构协同，使品牌资产在完整意义上得到最充分的共享。单一品牌战略的优势不言而喻，商家可以集中力量塑造一个品牌形象，让一个成功的品牌附带若干种产品，使每一个产品都能够共享品牌的优势。

单一品牌的另一个优势就是品牌宣传的成本低。这其中的成本不仅仅指市场宣传——广告费用的成本，同时还包括品牌管理的成本，以及消费者认知的清晰程度。单一品牌更能集中体现企业的意志，容易形成市场竞争的核心要素，避免消费者在认识上发生混淆，也避免在各个品牌之间的协调。因此，经济衰退时期，很大一部分企业都选择单一品牌，这也是一个重要原因。

当然，选择单一的品牌战略，也存在一定风险，它有“一荣俱荣”的优势，同样也有“一损俱损”的危险。如果某一品牌名下的某种商品出现了问题，那么在该品牌下附带的其他商品也难免会受到影响，甚至可能导致整个产品体系面临重大灾难。作为单一品牌缺少区分度、差异性差，往往不能区分不同产品的特征，这样不利于商家开发不同类型的产品，也不便于消费者们有针对性地选择，因而，在单一品牌中往往出现“副品牌”。

(2)选择主副品牌策略的具体做法是以一个成功品牌作为主品牌，涵盖企业的系列产品，同时，又赋予不同产品其他的名字作为副品牌，以突出产品的个性形象。以海尔为例，尽管其所有产品都使用同一个商标，但为了区分彼此的特点仅就冰箱来说就分为变频对开门的“领航系列”、变频冰箱“白马王子系列”和“彩晶系列”、数字温控冰箱“数码王子系列”和“太空王子系列”、机械冰箱“超节能系列”和“金统帅系列”等。仅冰箱产品，在海尔名下就有15种副品牌。在家电行业，使用副品牌已经成为行业的通行做法，这样做有效地划分了不同产品的功能和特点，使得每组商品的特点得以显现，同时，也弥补了单一品牌过于简单的缺点。

(3)多品牌战略。一个企业同时经营两个或两个以上相互独立、彼此没有联系的品牌的策略就是多品牌战略。众所周知，商标的作用是就同一种的商品或服务，区分不同的商品生产者或服务的提供者。一个企业使用多种品牌，其功能不仅是区分其他的商品生产者，也包括区分自己的不同系列商品。多品牌战略为每一个品牌各自营造了一个独立的成长空间。

多品牌的优点很明显，它可以根据功能或者价格的差异进行产品划分，有利于企业占领更多的市场份额，面对更多需求层次的消费者。企业旗下产品彼此之间貌似属于竞争关系，但实际上却很可能是壮大了整体的竞争实力，增加了市场的总体占有率，并且避免了产品性能之间的影响。多品牌战略可以分散风险，企业旗下的某种商品出现了问题，可以避免殃及其他商品。其缺点则在于宣传费用高昂，企业打造一个知名的品牌需要财力、人力等多方面的配合，如果想成功打造多个品牌，自然要有高昂的投入作为代价。多个品牌之间自我竞争，品牌管理成本过高，也容易在消费者中产生混淆。

因此，如果企业没有足够的资金，不能承担品牌战略失败的风险，这种多品牌战略应该给予谨慎对待。

（三）品牌识别界定

品牌识别界定确立的是品牌的内涵，也就是企业希望消费者认同的品牌形象，它是品牌战略的重心。品牌识别界定从品牌的理念识别、行为识别与符号识别三个方面规范了品牌的思想、行为、外表等内外含义，其中包括以品牌的核心价值为中心的核心识别和以品牌承诺、品牌个性等元素组成的基本识别。如2000年，海信的品牌战略规划，不仅明确了海信“创新科技，立信百年”的品牌核心价值，还提出了“创新就是生活”的品牌理念，立志塑造“新世纪挑战科技巅峰，致力于改善人们生活水平的科技先锋”的品牌形象，同时导入了全新的VI视觉识别系统。通过一系列以品牌的核心价值为统帅的营销传播，一改以往模糊混乱的品牌形象，以清晰的品牌识别一举成为家电行业首屈一指的“技术流”品牌。

（四）品牌延伸规划

品牌延伸规划是对品牌未来发展领域的清晰界定，明确了未来品牌适合在哪些领域、行业发展与延伸，在降低延伸风险、规避品牌稀释的前提下，以谋求品牌价值的最大化。如海尔家电统一用“海尔”，就是品牌延伸的成功典范。

衰退时期的品牌需求和品牌定位，可能会面临这样的问题：即如果经济进入萧条时期，消费者的消费层次将进一步下降，那么衰退时期的品牌战略将不适应，企业需要适时调整相关的质量战略、价格战略或者市场战略、营销战略；如果经济走出衰退后恢复繁荣，那么，人们的收入就会提高，衰退时期制定的面向中低阶层的消费者的品牌战略也有可能不适应，因而，这样的品牌战略仍需要调整。

所以，衰退时期的品牌延伸规划，首先要明确预测经济的发展方向和可能的发展方向。从而制定出相应的品牌发展规划，以及相应的风险、对策等。

（五）品牌管理规划

品牌管理规划是从组织机构与管理机制上为品牌建设保驾护航，在上述规划的基础上，为品牌的发展设立远景，并明确品牌发展各阶段的目标与衡量指标。企业做大做强靠战略，解决好战略问题是品牌发展的基本条件。

企业自创品牌应注意以下事项：

(1)品牌定位。品牌定位的目的是让消费者清晰地识别品牌的特征及品牌的核心价值。在产品研发、包装设计、广告设计等方面都要围绕品牌定位去做。如舒肤佳的品牌定位就是“除菌”，多年来舒肤佳广告始终是“除菌”，通过一次次加深消费者的记忆，最终达到要“除菌”就选舒肤佳的目的。

(2)战略规划。企业要通过品牌策划和战略规划来提升品牌形象，提高消费者对产品的认知度、忠诚度，树立企业良好的品牌形象。首先，质量战略是实施品牌战略的关键、核心，质量是产品的生命，严格的质量管理是开拓、保持、发展名牌的首要条件。其次，市场战略是实施名牌战略的根本，实施市场战略一定要树立市场导向观念。从产品的开发到营销，必须牢牢扣住市场变化这一主题，最大限度地满足客户需求。

(3)大力宣传。对中小企业来说，通过宣传，在短时间内让消费者认同其品牌很重要，在宣传过程中要突出品牌的定位和核心价值，找准产品与消费者之间的情感交会点，让消费者在极短的时间内对该产品产生认知感。

总之，企业在选择品牌战略的过程中，要充分考虑自身的优势和特点，选择最适合企业发展的，只有这样才能走上成功的品牌经营之路。

二、品牌融资的途径

(一)品牌抵押贷款

品牌抵押贷款是指具有知名品牌的企业以其商标专用权作为质押物向银行质押贷款的一种融资方式。这种方式适用于具有一定生产经营规模及在行业内拥有顶尖品牌、信誉良好的企业。我国的不动产抵押贷款多表现为信用贷款，像中国移动通信、中国电信等大型国有企业能够相当容易地从银行以信用担保的方式取得贷款，但是民营企业的信用贷款额度往往有限。面对没有足够的有形资产抵押而不能从银行取得所需贷款这一困境，拥有知名品牌的民营企业有必要以品牌质押获取贷款。现在，越来越多的企业进行生产外包、品牌授权等，这种品牌经营的趋势也决定着品牌质押贷款的巨大潜力。

(二)生产外包

生产外包就是指品牌所有企业将生产功能弱化，而委托生产成本低的其他制造商生产产品，然后贴上自己的商标进行销售的一种经营模式。比如微软、戴尔并没有很大的固定资产，但依靠其品牌效应就可吸引到一大批有创造力的企业为它们打工，它们则在经营中获取巨额利润，品牌价值也在不断升高。美国外包协会的统计表明，外包协议使得企业成本减少9%，而能力和质量则上升15%。

(三)品牌授权

品牌授权是指品牌拥有者按照合同的规定将自己的品牌授予被授权者使用，被授权者按照合同的规定从事生产经营活动，并向授权者支付相应权利金的经营方式。许可证持有人通常支付一定的费用购买知识产权，在品牌授权中指的就是品牌这一资产。品牌授权一般有商品授权、促销授权、主题授权、通路授权等授权方式。对于被授权商而言，通过专业化的品牌授权途径购买一个被消费者所认知的品牌，凭借该品牌的知名度和良好的品牌形象、经营理念等，能够以较低的成本、较快的速度使自己的产品被大众接受。所以，被授权商通常愿意为品牌授权出资。对于授权商而言，良好的品牌也为其带来了有形的资本收益，品牌授权也成为授权企业的重要间接融资方式之一。利用品牌授权可获得相应的资金供企业从事其他经营活动。收取使用品牌的特许使用费是国际上一种常见的品牌运营形式。

(四)出卖品牌

品牌是具有价值的，企业在特定的情况下，可以出售旗下某些品牌来摆脱企业困境。良好的品牌必然会吸引众多企业互相竞争，可以让品牌以较高的价格被收购。品牌价值在企业资产中通常占有很大比重，其价值甚至超过企业有形资产的价值数倍。Nestle 公司就曾以超过目标公司有形资产 5 倍的价格收购了欧洲 Rowntree 品牌，因为品牌价值高，买卖品牌这一行为已经引起社会各界的关注。2005 年最新修改的国际会计准则(IAS)就要求公司必须把所收购品牌的品牌价值公布在资产负债表中，品牌已不再是表外资产，这对品牌收购会产生很大的影响。

(五)品牌兼并

品牌兼并是指企业将品牌资本作为无形资产计入股本，实现对目标企业的兼并。这一融资支付工具在现代企业兼并中被广泛使用，兼并企业品牌价值的大小也在一定程度上决定了其股权的多少。《公司法》规定，无形资产可以占公司股本的 20%，在实际运作中，一些开发区企业和一些非上市公司的无形资产可占 35%。珠江钢琴就曾在兼并中将品牌价值计价 20%注册到被兼并公司的股本中。无形资产在会计中是计入商誉，最成功的品牌兼并就是能够利用无形资产盘活有形资产。

第六节　供应链融资

一、供应链融资概述

供应链融资是商业银行将核心企业和上下游企业联系在一起提供灵活运用的金融产品和服务的一种融资模式，一般将其描述为“1＋N”的模式。商业银行在供应链中寻找出一个大的核心企业，以核心企业为出发点，为供应链提供金融支持。一方面，将资金有效注入处于相对弱势的上下游配套中小企业，解决中小企业融资难和供应链失衡的问题；另一方面，将银行信用融入上下游企业的购销行为，增强其商业信用，促进中小企业与核心企业建立长期战略协同关系，提升供应链的竞争能力。

传统的供应链管理主要关注供应链物流和信息流管理的设计和优化问题。然而，供应链管理实践中必然存在着资金流循环。供应链强调资金流在物料流和信息流的整合和协调。在供应链融资中，资金流周期将决定供应链的长度。对于企业而言，资金流是企业的血液，企业净现金流的状况将决定企业的命运。资金流可通过企业经营转化为产品，产品经企业销售后可产生更多现金。由此可见，供应链管理中至少存在三种流：资金流、信息流和物料流，而资金流将在物料流和信息流的内部进行整合。

随着物流企业的逐步发展成熟，物流服务逐渐向价值链的其他环节延伸，如提供采购、销售、交易、电子商务、金融等衍生服务，这些服务都是在物流企业提供物流服务的基础上展开的。供应链融资是物流金融的一个研究领域，主要从供应链的角度，将资金流引入其中。尽管资金流管理一直被视为供应链管理的内在组成部分，但是供应链中资金流管理的作用和其中所蕴藏的巨大机会长期没有得到应有的重视，仅有一小部分的企业将资金流管理视为供应链管理的一个重要组成部分，大部分的企业认为供应链管理仅仅是仓储、运输等传统物流职能的重新整合。在市场竞争的推动下，国外先进企业已经意识到供应链金融管理的重要性，并将其作为供应链管理的一个重要方向进行实践和研究。

供应链融资有以下几种常用模式：

(1)应收账款融资模式。应收账款融资模式是供应链中核心企业的上游中小企业以未到期的应收账款向银行办理融资的模式。

(2)保兑仓融资模式。保兑仓融资业务，是在供应商，即卖方承诺回购的前提下，融资企业即买方向银行申请以卖方在银行指定仓库的既定仓单为质押的贷款额度，并由银行控制其提货权为条件的融资业务。

(3)动产质押融资模式。动产质押融资也称为“存货融资”，申请融资时，需要将合法拥有的货物交付银行认定的第三方物流仓储公司监管，不转移所有权。动产质押融资支持多种融资方式，包括贷款、开立银行承兑汇票、信用证、保函等。

二、供应链融资的优势和弊端

(一)供应链融资的优势

供应链融资服务是商业银行通过借助与中小企业有产业合作关系的供应链中

核心大企业的信用，或者以两者之间的业务合同为担保，同时依靠第三方物流企业等的参与来共同分担贷款风险的融资手段。该融资方式改变了过去银行针对单一企业主体进行信用评估并据此做出授信决策的融资模式，使银行从专注于对中小企业本身的信用风险评估，转变为对整个供应链及其核心大企业之间交易的信用风险评估。在该模式中，处于供应链上下游的中小企业能够取得在其他方式下难以取得的银行融资。如果一家上下游中小企业自身的资信实力和规模达不到银行传统的信贷人标准，而其所在供应链的核心企业实力较强、贸易背景真实稳定、与银行具有长期稳定的信贷关系，这家中小企业就可能获得银行相应的信贷支持。

因此，供应链金融作为一种新的金融服务模式将可能成为我国商业银行对中小企业融资的有效途径，其具有以下特点：

(1)降低准入门槛，帮助中小企业获得银行融资。在供应链融资模式下，银行可以适当淡化对企业的财务分析和贷款准入控制，其关注的重心是每笔具体的业务交易。在融资过程中，银行重点考察申请贷款企业单笔贸易的真实背景及企业的历史信誉状况，通过资金的封闭式运作，确保每笔业务真实发生后的资金回笼来控制贷款风险，从而使一些因财务指标达不到银行标准而难以获得融资贷款的中小企业，可以凭借交易真实的单笔业务来获得贷款，适合中小企业资信普遍偏低的特点，在一定程度上满足了其资金需求。

(2)银行通过对物权单据的控制和融资款项的封闭运作，实施资金流和物流的双向控制，使风险监控直接渗透到企业的经营环节，有利于对风险的动态把握。同时，在一定程度上实现了银行授信与融资主体风险的隔离，从而增加了银行可选择客户的范围，增强了银行开展中小企业融资业务的信心。

(3)银行更注重企业交易背景的真实性和连续性，通过对企业信用记录、交易对手、客户违约成本、银行贷后管理和操作手续等情况的审查，确定企业在贸易过程中所产生的销售收入作为其融资的第一还款来源，限定融资期限与贸易周期相匹配，使资金不会被挪用，贷款风险相对较小。

(4)在供应链金融服务中，银行将核心大企业与中小企业的信用进行捆绑，核心大企业常常对中小企业的贷款负有连带责任。因此，如果中小企业不能按时偿还银行贷款，就会影响其与核心企业之间的贸易关系，影响其在供应链中的信誉度，不利于中小企业与核心企业之间建立长期稳定的贸易合作关系。

可见，供应链融资的模式能够实现多方共赢的局面，不仅能够解决中小民营企业融资难的问题，而且也有利于银行开展更多营利性业务。

(二)供应链融资模式存在的弊端

银行在对供应链相关企业进行融资过程当中，可能由于不确定因素导致供应链融资产品的实际收益与预期收益发生偏差，或者资产不能收回，从而遭受风险和损失。

(1)自然环境风险：主要表现在地震、火灾、意外的战争以及其他各种不可抗拒的原因对企业造成的损失。

(2)政策风险：国家经济政策的变化往往会对供应链的资金筹集、投资及其他经营管理活动产生重大影响，使供应链的经营风险增加。

(3)市场风险：由于市场发生变化，可能导致企业无法按原定计划销售产品而给商业银行带来的还款风险。

(4)信用风险：指中小企业管理不规范、技术力量薄弱、资产规模小、缺乏对自身信用的管理和资信不足等问题。

三、供应链金融对供应链条上各参与主体的意义

1. 对上下游的中小企业的作用

对于交易中的上游供应商和下游采购或经销商(即资质一般和规模较小，在供应链或产业链中处于从属地位的中小企业)，商业银行开展的供应链金融业务，可以借助核心企业的信用为企业进行信用升级，提高企业的资信水平和谈判地位；可以通过存货及强势采购商的付款能力为企业进行短期融资等服务，直接为该类中小企业解决资金周转问题，间接为核心企业稳定了交易对手，扩大了采购和销售能力。

2. 对核心企业的作用

对于核心企业，商业银行开展的供应链融资业务，可以为企业提供交易对手信用保障、应收账款管理和融资，以及与第三方物流企业合作，同时，有助于降低成本，提高效益，增强市场竞争力。

3. 对商业银行的作用

风险资产权重的大小直接关系到银行的成本和收益，供应链融资产品相较于其他业务风险资产权重较小，有利于突破资本约束的限制，改变商业银行风险资产规模扩张过快、信贷结构不合理的现状。开展供应链融资业务，可以增加商业银行交叉销售机会，有效推进结算业务和低成本结算性存款的发展，也有助于优化业务结构，分散客户集中度的风险，增加潜在客户。

4. 对物流企业的作用

第三方物流企业与商业银行合作开展供应链金融业务，可以借助商业的资金

实力、客户资源和融资渠道，为第三方物流企业争取客户资源、拓展服务，最终提升物流企业服务质量和效率。

四、供应链金融的发展前景

供应链金融业务实质性的推广始于1999年深圳发展银行推出的动产及货权质押授信业务。2006年，深圳发展银行在整合多年创新成果和资源优势的基础上，正式推出了“供应链金融”的品牌。以深圳发展银行为代表，越来越多的银行将供应链金融纳入自身的市场定位和竞争策略体系，产品系列、风险控制理念和营销模式也逐渐成形。

第十章　产权制度与民营企业融资

民营企业融资困难已成为一种共识。鉴于民营企业在国民经济中的重要地位，众多学者对其融资困难的原因进行了深入的探讨。一般的解释是信息不对称、融资成本高、政策对所有者歧视抵押和担保问题、中小企业自身存在的不足等原因。从中国经济的发展历程来看，这些主要原因的背后还有着更深层次的原因。如林毅夫等(2001)的研究发现，出于推行“赶超”战略的需要，我国建立了以大银行为主的高度集中的金融体制，而大型金融机构天然存在的信息劣势不适合为中小企业服务，从而导致中小企业融资困难，因此，大力发展和完善中小金融机构是解决中小企业融资难题的根本出路。而陈晓红等(2013)认为，经济转轨时期的分工不发达和协调失灵导致了融资交易成本过高，从而造成中小企业融资困难，由此她提出，关系型融资模式更适用于中国经济转轨时期的中小企业融资。此外，由于银行组织体制上存在的局限性使其本身无法克服中小企业信息不对称所带来的高风险，进而导致银行组织内部产生代理问题，其结果必然造成中小企业融资困难，而引入风险投资机制，发展面向民营企业的资本市场等措施，这可以有效解决银行在体制上、贷款在契约特性上存在的问题(周兆生，2015)。就国外而言，其研究主要集中在中小企业融资问题及家族企业融资行为等方面。关于中小企业融资问题的分析，首推 Stiglitz 和 Weiss(1981)的模型。与大企业相比，中小企业的信息不对称更为严重，这成了中小企业从金融渠道融资的一个重要障碍。在引入信息不对称和道德风险因素后，该理论较圆满地揭示了中小企业的信贷配合问题。就家族企业的融资行为而言，出于规避风险和控制权的考虑，家族企业的融资行为与啄食顺序理论更为一致，倾向于按照内源融资—债务融资—权益融资的序列推进，同时，信息的不对称也加大了家族企业外部融资的难度(马春爱等，2014)。可见，无论是国外的早期研究还是最新成果都把信息不对称作为导致中小企业融资困境的重要成因。国外关于中小企业融资问题的研究成果无疑为国内相关研究提供了新的理论视角。而且，目前国内关于中小企业融资问题的研究也多是依据信息不对称理论并结合中国国情来进行分析和探讨的。然而，该理论的研究对象为西方发达国家，其产权与法律制度相对健全，而我国的现实是产权和法律制度存在着一定的缺陷，因而两者研究的前提条件有着较大的差异。虽然逆向选择与道德风险导致民营企业融资困难，信贷配给理论可以在一定程度上从不同角度解释我国民营企业融资困难的原因，却没有从根本上揭示出民营企业融资困难的最终成因，据此所提出的对策建议也只是从技术层面上借鉴了国外缓解中小企业融资困境的方法。本书认为，民营企业融资困难归根结底是一个产权问题。一方面，由于民营企业的产权得不到有效保护，助长了民营企业融资中的“机会主义”行为；另一方面，金融机构的产权障碍则弱化了银行的融资动力，加剧了银行的“惜贷”行为。因此，要有效地解决民营企业融资问题，其先决条件是建立合理的产权制度。

第一节　产权明晰——企业融资的微观基础

学术界普遍认为，金融是指资金借贷活动，而借贷就是信用活动。然而，从产权经济学的角度来看，借贷或信用的实质是财产的借贷。因此，金融实际上是不同的财产所有者为实现各自财产利益最大化而进行的一种财产借贷活动，金融的实质是财产问题。

首先，从借贷内容来看，表面上，借贷是资金的借贷，实际上在借贷活动中，资金盈余单位所贷出的却是本由自己控制或使用的财产，而资金赤字单位所借入的实际上也是所有权属于债权人的财产。因此，借贷，或者说金融活动的实质是财产资源的借贷。

其次，从借贷目的来看，一方面，资金盈余单位贷出资金是为了避免资金闲置，并通过贷出资金的有效利用和增值，使自己能够凭借所有权不仅收回本金还获得额外的财产报酬——利息，从而实现积累更多财产的目的。另一方面，资金赤字单位则通过还本付息的方式获得资金优先使用权，并通过有效利用资金，扩大生产，实现资金增值，最终同样达到积累更多财产的目的。可见，借贷或金融活动的目的是借贷双方力图通过这种资金即财产的借贷活动，实现财产资源的最优利用，最终为自己积累更多的财富。

由于财产的真正意义是产权，因此，金融或信用的实质是产权的借贷，而借贷的产生是以财产所有权概念的出现和财产明确地属于不同所有者拥有的产权制度的产生为前提条件的。

既然金融或信用的实质是产权的借贷，要保持金融活动的正常有序，就必须确保金融活动的交易主体拥有独立的财产权利，所以产权明晰必然构成金融活动正常、有序开展的微观基础。产权经济学认为，产权是一种由所有权、占有权、支配权、收益权和处置权所组成的权利束，上述五种权利缺一不可地构成产权的有机整体，并表现出排他性、交易性、行为性和有限性的特点。

(1)排他性。产权首先是所有权，是财产主体对物的最高占有关系和权利，这种关系和权利是排他的。产权的排他性赋予了信用活动主体其财产神圣不可侵犯的权利，使得借款者必须遵守到期还本付息的信用准则，从而确保了贷款方按时收回本息的权利。如果债务方以隐瞒、欺诈等手段侵犯贷款人利益的行为，就会受到法律的严惩，贷款者的权益就会真正得到法律的有效保护，资金盈余单位就会愿意出借本由自己控制或使用的财产，而资金赤字单位才能够借入所有权属于债权人的财产，金融活动才能得以顺畅进行。

(2)交易性。产权的交易性，既包括产权整体在不同的主体之间的转让，也包括产权的各个构成部分单独进行的转让。产权的交易性一方面使得债权人能够按照约定在规定期限将资金的使用权有偿转让给债务人；另一方面使得借款人可以在规定的期限有偿获得资金的使用权，并通过有效利用资金获得相应效益。可以说，产权的交易性为金融活动的正常进行奠定了基础。

(3)行为性。产权的行为性是指产权的主体在产权的界区内，有权决定做什么，不做什么，也有权阻止他人做什么，必须做什么等的性质。产权行为性的这种权利，既赋予了金融活动产权主体独立支配、处置财产的权利，也使得其有权自主经营，并依法享有各种权利。只有这样，金融活动的交易双方才能完全在平等、自愿的基础上通过签订借贷契约，做出具有法律效力的承诺和允诺，开展借贷活动。通过行使这一权利，一方面，可以保障债权人按照契约出借资金，并承担其中风险和获得相应收益的权利，这必然使得债权人具有了为闲置资金寻找出路的内在动力；另一方面，债务人也愿意借入资金，通过自主投资，在承担投资风险的同时，获得投资效益，从而实现了资金盈余者的资金向资金赤字者手中的转移，使稀缺资源也得以优化利用，并提高了整个社会的经济发展水平和福利水平。

(4)有限性。产权必须有明晰的边界与可度量性，这是确保金融活动交易主体的权利得以行使、利益得以实现、交易得以进行的前提条件。否则，产权模糊，必然使得借贷双方的产权无法得到有效保护，金融活动也就难以正常进行。

上述分析表明，在市场经济条件下，金融活动的实质是产权问题，明晰产权是开展金融活动的微观基础。因此，民营企业融资活动的实质同样也是财产权的交易，即融资主体双方(民营企业和金融机构)在平等和自愿的基础上追求效用函数最大化的财产权交易。所以，我国的民营企业和金融机构要开展正常的金融活动，也同样必须明晰并切实保障其产权。

第二节 产权缺陷——民营企业融资的现实问题

就现实而言，导致我国民营企业融资困境的最大障碍同样是产权制度的不合理。民营企业融资双方的产权不明晰、产权得不到有效保护必然使民营企业的融资活动失去正常开展的微观基础，民营企业融资困难也就在所难免。

一、没有建立合理的产权制度必然助长民营企业在融资博弈中的机会主义行为

在市场经济条件下，民营企业的融资过程同时也是融资双方重复博弈的过程。只有产权明晰，产权得到有效保护，产权制度的排他性才能从制度上保障融资博弈双方的权益，消除和抑制民营企业在融资博弈中的机会主义行为，从而使融资双方按照约定，履行其权利和义务，确保融资活动正常、有序地开展。然而，我国目前的产权制度仍然是国有产权占据绝对主导地位，政府的权力天然大于企业的和个人的。在这样的产权框架内，政府部门和官员很有可能通过随意乱收税费、搞摊派、任意干预和限制企业的经济活动等方式侵犯企业的产权，民营企业必然不会确立长远的经营目标，从而难免会出现今天企业法人代表变更，明天企业财产转移，后天企业可能通过改制、申请破产、转产、注销法人，甚至一逃了之等方式悬空或逃废银行债务等机会主义行为。与民营企业相比，个人的财产权相对明晰并能得到有效保护，而且个人的住宅等财产无法转移，个人的信用也往往优于企业。因此，越来越多的银行，或者把对中小企业法人贷款分解到各个股东名下，各个股东以其家产作抵押，或者直接开办“个人账户”，提供无规定用途的自然人贷款，从而把对一个企业的上百万元的贷款，分解为若干个几十万元的自然人贷款。这样，采用自然人贷款形式给民营企业发放贷款，可大大增加贷款回收的保险系数，有效消除和抑制民营企业在融资博弈中的机会主义行为。产权制度不合理是导致民营企业在融资博弈中机会主义行为的根源，而为了消除或避免民营企业在融资中的机会主义行为，就必须建立合理的产权制度。

二、产权制度不合理极大地加剧了融资双方的“信息不对称”程度

由于在我国目前以国有产权占据主导地位的产权制度内，个人和民营企业的财产权难以真正得到法律的尊重和有效保护，其结果必然不利于民营企业确立长远的经营目标和进行长期的投资活动，再加上我国目前的法律制度仍不健全，执法力度低下，企业提供虚假财务信息得不到严厉的处罚。这种外部环境势必造成民营企业的短视行为，使得民营企业没有动力通过建立健全财务规章制度，提高经营管理水平，进而去实现长期发展，而是通过建立假账，提供虚假财务信息去偷税漏税、骗取银行贷款，进而实现牟取短期暴利的目的。这样，产权制度的不合理，必然使得中小企业融资中业已存在的“信息不对称”问题日趋严峻，从而导致民营企业融资陷入更加困难的境地。

三、国有产权制度的内在缺陷势必导致金融机构对民营企业融资的“惜贷”行为

从我国商业银行的产权安排来看，工、农、中、建四大国有独资银行在整个银行体系中占主导地位。在传统的国有产权制度中，国有商业银行并不是真正的国家财产所有权的产权主体，它并不像真正的财产所有者那样既有巨大的内在动力，同时又有巨大的内在压力关心国家财产权的所有者权益。国家财产所有权不明确，必然导致权利和责任不清，使得商业银行激励机制效力低下，并在经营管理上呈现出我国银行业所特有的风险“软约束”和“硬约束”并存的“两极”产权约束结构。一方面国有商业银行和国有企业的产权边界模糊，导致国有商业银行对国有企业贷款风险的“软约束”；另一方面，由于产权归属不同，当银行贷款给民营企业时，银行难以将贷款风险转嫁给政府，对民营企业的贷款风险主要由银行自己承担，这必然导致民营企业发放贷款的风险“硬约束”，并进而对民营企业尤其是民营企业融资产生“惜贷”行为。产权不合理，反映在银行经营活动中，则产生贷款投放不准、贷款拖欠严重的问题，甚至产生腐败等问题，进而导致金融资源配置效率低下，不良债权大量发生，银行经营难以为继。随着国有商业银行商业化、股份化改革进程的不断推进以及国家宏观金融风险管理的强化，客观上要求国有商业银行采取强硬措施减少银行不良资产的继续发生，以防范、化解整个金融体系的风险。然而，在我国目前这种与产权结构相对应的一级法人、多层次委托代理的企业治理结构下，银行只能上收贷款审批权限，严格授权授信管理，并加重对贷款责任人的处罚力度。而审批环节的增多，授权授信管理的强化，激励

水平的不足，对贷款责任人的过度追究，势必会大大降低基层银行和信贷人员发放贷款的积极性，客观上削弱其对民营企业的信贷支持能力。在激励—约束不对称的情况下，基层银行和信贷人员没有动力去审查信息，以尽可能消除民营企业融资中由于“信息不对称”所产生的信贷风险。为了追求资金的安全，其理性选择必然会减少甚至拒绝对民营企业发放贷款。

四、融资双方的产权得不到有效保护致使民营企业的融资环境进一步恶化

如果说明晰产权是开展金融活动的微观基础，健全而有效的法律制度则构成了金融市场有序运行的宏观基础。现代市场经济作为一个体制的根本游戏规则就是基于法治的规则。法治依靠其特有的约束功能，通过约束政府行为，来避免政府对经济活动的任意干预；通过发挥其产权界定和保护，合同和法律的执行，公平裁判等作用来约束经济人的行为，以便维护市场的公平、有效竞争。如果政府行为不受约束，政府对民营企业的经营活动随意干预，经济政策朝令夕改，则民营企业难以形成长期、稳定的发展预期，其理性选择必然是提供虚假财务信息去偷税漏税、骗取银行贷款，进而实现短期暴利的最大化。发生在河北省保定市徐水县的河北大午农牧集团有限公司非法吸收公众存款案，一方面说明了河北省民营企业“恶劣”的生存环境；另一方面也暴露了当地政府对民营企业经营活动随意干预的行为。如果经济人的行为得不到约束，企业和商业银行的产权得不到保护，合同不能执行，法律得不到维护，为了获利，企业就有可能通过企业改制、申请破产、转产、注销法人甚至一逃了之等方式悬空或逃废银行或其他债务。就我国现实而言，由于法律不健全、有法不依、执法不严等原因，我国国民经济中沉淀的不良资产数额日趋庞大，已成为严重阻碍我国经济正常运行的痼疾。据银监会统计，2015 年年底，国内主要商业银行(指 4 家国有商业银行和 12 家股份制商业银行)不良贷款存量为 37 176 亿元，不良贷款率为 13.29%。至于银行不良资产大量产生的成因，中国人民银行行长周小川认为，大约有 30%来自各级政府直接的行政命令和行政干预；大约有 30%的不良资产来自为支持国有企业所造成的；大约有 10%的不良资产来自地方的行政环境和司法环境；还有 10%左右来自国家主导的产业结构调整，包括主动关停并转有些企业；另约有 20%的不良资产来自银行自身经营管理的问题。可见，上述几个方面都直接或间接地与我国产权制度不合理、法律制度不健全、执法不力等深层次的原因密切相关。随着我国社会主义市场经济体制的不断建立和完善，金融法律法规也日趋完善，但我国的司法执法力度却非常弱。司法部门对维护银行的债权不够得力，对逃废债务的行为打击不

力，银行与这类企业对簿公堂，常常是“赢了官司，赢不了钱”。在如此恶劣的融资环境下，商业银行为了减少不良资产的继续发生，其理性选择只能是减少乃至拒绝对民营企业发放贷款。

第三节　产权明晰及保护——缓解融资困境的根本途径

既然产权制度不合理、融资双方的产权得不到有效保护是导致我国民营企业融资困境的根本原因，要彻底缓解和消除民营企业的融资困境，就必须明晰产权，建立合理的产权保护制度，并在此基础上实现真正的法治。中共中央、国务院在多次会议上指出，要大力发展和积极引导非公有制经济，建立健全现代产权制度，从而为打破导致民营企业融资困境的产权约束扫清政治上的障碍。

一、建立产权明晰、适合民营企业的现代企业制度

从国际经验来看，有限责任公司是中小企业采用的最为广泛的组织形式。而我国的《公司法》规定，除科技开发、咨询、服务性公司(要求其注册资本不得少于人民币 10 万元)之外，其他行业设立有限责任公司要求其注册资本不得少于 30 万元的最低限额，在全世界属最高之列。有限责任公司设立的“高门槛”使得我国的大部分民营企业以单一业主制或合伙制企业形式存在，仅有少部分是有限责任公司。而单一业主制或合伙制由于存在着对企业债务负有无限责任、所有权转移困难、企业存续的时间有限等内在缺陷，它们进入的行业和经营范围必然受到极大限制。同时，在业主制下，企业业主集所有者与经营者为一身，他完全有可能采用隐瞒财务信息、藏匿资产等方式来欺骗外部投资者，从而导致其资金筹措必将陷于异常困难的境地。因此，降低有限责任公司设立的“高门槛”，并以此实现民营企业由单一业主制或合伙制企业向有限责任公司形式的转变，不失为消除民营企业融资所面临产权障碍的有效途径。2005 年 10 月 27 日，十届全国人大常委会第十八次会议表决通过了修订后的《公司法》。在于 2006 年 1 月 1 日起实施的新《公司法》中，不仅规定“有限责任公司”缴纳的注册资本最低限额降为 3 万元，且如果注册资本超过 3 万元，还可以分期缴足；发起人不仅可用知识产权和股权出资，还取消了以工业产权、非专利技术作价出资的金额不得超过股份有限公司注册资本的 20%的限制；同时，可以投资设立一人有限责任公司。随着新《公司法》的实施，有限责任公司设立的门槛将不断降低，民营企业融资中所面临的产权障碍也必将

得以逐步根除。

二、逐步建立和完善面向民营企业的金融体系

在市场经济中，市场交易活动是拥有独立财产权的各个市场主体在平等、自愿的基础上通过重复博弈来完成的。很难想象，在国有资本占据统治地位的市场竞争性领域，各经济主体能以对等的身份参与市场竞争，实现公平交易。因此，要确保金融市场的正常有序运行，缓解民营企业融资困境，首要的是真正确立商业银行的市场主体地位，确保融资双方的平等地位。

第一，加快国有商业银行的股份化、商业化进程，通过弱化国有产权的统治地位，克服国有银行产权制度的内在缺陷。国有商业银行与政府之间的天然联系，很难保证它能以市场主体的身份参与市场竞争。因此，应在处置不良资产、充实资本金的基础上，通过引进国外或民间战略投资者、创造条件上市等途径，逐步实现国有商业银行产权结构多元化，打破国有产权的垄断地位，使其摆脱对政府的依赖关系，并真正成为自主经营、自负盈亏的市场主体，使其具有向民营企业融资的内在动力。同时，通过完善激励和监督机制、缩短银行组织自身的代理链等措施，激励和督促银行职员具有内在的人力资本积累动力，以提高其专业化识别与控制风险的能力，降低“信息不对称”给民营企业融资带来的不利影响。

第二，放手发展民营中小银行。与大银行相比，中小金融机构在给大企业提供贷款的服务上显得力不从心，而在为中小企业提供服务方面拥有信息上的优势。中小金融机构往往能充分利用人缘与地缘优势，了解中小企业所从事的经营活动、财富状况、社会关系甚至经营者的品格等。这些信息都有助于度量贷款者的信用能力，识别其经营风险和违约风险。与国有银行相比，民营银行的产权明晰，代理链短，因而代理成本低，机制灵活，具有更强的风险控制能力。因此，根据不同区域经济发展的实际情况，相应采取股份制、合作制等方式，放手发展民营中小银行，将有助于解决民营企业融资问题。

三、完善相关法律法规，严格执法，真正保护融资双方的财产权益

没有得到法律有效保护的产权从根本上说是不安全的。如果银行发放的贷款不能按时偿还时，法院能够采取强制措施保护合同的履行，给予银行事后的补偿，这样的话由于信息不对称所带来的风险就会大大降低。卢峰等基于中国的实证研究发现，当法治变得更加有效的时候，私人部门的银行信贷比例会增加。可见，只有融资双方的财产权益真正得到有效保护，才会在极大地提高企业获得贷款后

不偿还贷款成本的同时，显著降低银行发放贷款的预期损失，从而可以有效抑制民营企业融资中的机会主义行为，最终迫使融资双方建立稳定的博弈预期，并在法治框架内开展正常的融资活动。因此，通过进一步完善我国的宪法、民法、公司法以及相关金融法规，真正确立参与市场活动的经济主体的财产权利神圣不可侵犯的地位；通过严格执法，提高执法效率，真正保护融资双方的财产权益，将有助于从根本上彻底解决民营企业融资问题。

综上所述，通过本章的分析，可以得出以下结论：

(1)民营企业融资问题的实质是产权问题。我国产权制度的不合理，以及融资双方的产权不能得到有效保护造成了目前民营企业的融资困境。

(2)要真正解决我国民营企业的融资困境，最根本的是要进行产权改革，完善法律制度，严格执法，以使我国的民营企业和金融机构成为真正拥有独立财产，得到法律有效保护，进而真正具有履行契约和偿债的能力，依法享有财产权益并承担投资风险的理性的借贷主体。只有这样，针对中小企业融资难所进行的各种技术层面的设计才有可能发挥作用，并最终缓解和解决民营企业的融资困境，以此推动我国国民经济的持续和稳定发展。

第十一章　公司治理与民营企业融资

近年来，正当民营经济被确认为“社会主义市场经济的重要组成部分”而蓬勃发展的时期，民营企业却面临着融资困难的问题，资金短缺已严重制约了民营企业的发展。从理论上讲，企业扩大资金规模无非有两种途径：一种是内源融资，即通过资本积累将每年的税后利润转为投资，使企业的资金规模扩大；另一种是外源融资，即通过发行股票、公司债券、借贷等方式从企业外部获得使企业可运作的资金。由前文可知，内源融资是民营企业最重要的融资形式，但民营企业通常所处的产业都是一些技术含量不高的劳动密集型产业，企业利润水平普遍偏低，所以民营企业自身积累并不多。民营企业股东只有几个人，增资也很有限，故通过内源融资增加的资金十分有限。至于外源融资，民营企业一般为中小企业，受政策限制很难利用公开发行股票、债券的方式来融资，所以银行贷款是最重要的外源融资方式。但由于民营企业大多规模小，抵御市场风险能力较差；企业管理大多属于家族式管理，没有明确的责权划分，没有有效的激励与约束机制，内部管理制度和财务制度不健全，信息披露及透明度差，银行对其信用度评价不高，所以商业银行对民营企业的贷款要求持慎重态度，常常拒绝对民营企业提供贷款。近年来针对民营企业融资难的问题，许多学者研究的重点往往放在了商业银行上，但应看到，出于规模经济和利润最大化的考虑，银行“嫌贫爱富”的本性是一种理性的经济行为，所以银行“惜贷”是市场经济的必然要求。因此不能过分责备银行，更不能通过政府行为去干预银行。在加速信用担保体系建设，广开融资渠道的同时，更重要的是立足于民营企业内部，民营企业存在的一切问题在很大程度上归结于缺乏完善的公司治理结构。因此，解决民营企业融资难的根本途径在于完善其公司治理，使民营企业成为真正意义上的公司制企业，从而迅速做大做强。

第一节　公司治理问题的理论背景

一、公司治理问题的内涵

公司治理也叫法人治理，它包括公司治理结构和公司治理机制两方面的内容。两者是有机统一、互不可分的整体，前者主要是从治理的组织架构角度来分析，后者则是从治理内在的运行机制方面考虑。公司治理并没有放之四海而皆准的定义，各国因为国情、历史背景和经济发展阶段的不同都对其有不同的理解，但其主要思想和内涵却是共同的，即协调股东和其他利益相关者相互之间的关系，完善透明度、责权划分及制衡机制，确保公司发展战略和管理符合股东和利益相关者的利益。

就狭义的公司治理而言，它主要是指公司所有者(股东)和董事会、董事会与管理层之间的委托与代理关系。广义的公司治理不仅包括狭义的公司治理的若干方面，还包括人力资本管理、收益分配激励制度、财务制度、企业战略发展决策系统、企业文化和一切与企业高层管理控制有关的其他制度，或者说是董事和高级管理人员为了股东、职员、顾客、供应商及提供间接融资的金融机构等相关主体的利益而管理与控制公司的制度或方法，即公司治理涵盖了企业为谁服务、由谁控制、风险和利益如何在各利益集团之间分配等一系列问题。它所界定的不仅仅包括企业与所有者之间的关系，也包括企业与其他利益相关者集团(如雇员、顾客、供货商、所在社区等)，统称为利益相关者之间的关系。这种制度安排的合理与否是决定企业绩效的重要因素之一。在本章中所谈到的公司治理，涵盖了从广义上定义的公司治理的全部范畴。

在此，有必要首先澄清公司治理与企业管理之间的关系。公司治理是企业管理运行的基础，企业管理反映公司治理的要求。两者是互动的，不能割裂开来，否则不能系统地考察一个公司，而且企业管理和公司治理同样需要众多的制度和规则安排。但是公司治理是更高层次的战略管理制度安排，为企业提供了一种运行的基础和责权体系框架，协调企业经营过程中利益相关者之间的关系。而企业管理则是在这个公司治理框架下进行具体的运营过程，并不关心企业利益相关者之间的关系和制度安排。两者最终目标也不完全一致，公司治理追求企业价值和利益相关者价值最大化，实现利益相关者之间的制衡，而企业管理更强调实现公司的直接目标。

二、公司治理问题的提出和演进

公司治理问题的产生和提出与经济社会的发展，特别是企业制度的演进密切相关。随着企业形态的不断演化，股份公司和有限责任公司成为现代企业存在的主体。随之而来的所有权和经营权的分离使委托与代理成为普遍的现实，也使公司治理问题真正地浮出水面。

所有权和经营权的分离所导致的代理问题在美国发展到20世纪60年代日趋严重，许多公司董事会中公司经理占了多数，一些公司CEO同时又成了董事长，受聘于公司所有者的经营管理者反过来最终控制公司的现象比比皆是，由此导致的偏离企业价值最大化目标所造成的种种弊端也越来越引起人们的关注。在20世纪70年代中后期到80年代早期，在美国拉开了公司治理讨论的序幕。到了20世纪80年代末，英国不少著名公司如蓝箭、科拉罗尔、波莉—佩克等相继倒闭，从而引发了英国对公司治理问题的讨论。随之而来的是一系列相关委员会及法规在英国的诞生。

公司治理是20世纪80年代以来引起人们普遍关注的一个问题，是现代企业的经营环境发展变化的结果。但实际意义上的公司治理，从现代公司产生的那一天起，就摆在企业的组织者、参与者面前了。目前公认英国是全球现代公司治理运动的主要发源地。以三个非官方委员会主席名字命名的研究报告，即凯德伯瑞报告、格林伯瑞报告和汉姆玻勒报告成为迄今为止英国现代公司治理改革过程的三部曲。它们为建立制度化、自律基础上的现代公司治理机制奠定了初步的基础。此后，人们开始关注和思考如何对公司的管理层形成有效的激励与约束机制，如何让公司的运营能够满足股东利益和企业价值最大化等。

追根溯源，公司治理之所以逐渐被广泛重视，正是因为它是解决委托人和代理人之间由于所有权和控制权相分离产生的信息不对称问题的最重要的机制。此外，有效的公司治理还能充分保护那些为公司提供外部资金的投资者(债权人等)以及利益相关者免受公司管理层和内部人的利益剥夺，实现企业和利益相关者价值最大化。

三、不同体制中公司治理模式的差异及替代机制

从理论上讲，当前一般的公司治理模式(目前公认的标准模式)是建立在分散的所有权结构所引致的所有权与控制权相分离的基础上的。其主要目的是解决经理人员的机会主义行为及其他代理问题，以实现公司价值(尤其是股东财富)最大

化。为了实现以上目标，公司治理理论强调对经理人员进行监督、约束和激励，并由此构建了以董事会为核心的内部治理机制和以产品市场、资本市场、并购市场、经理市场为主要内容的外部治理机制，两者共同构筑完整的公司治理体系，使经理人员在内部制度的约束和激励与外部市场的威胁和压力下，为股东利益最大化努力工作，从而实现有效解决所有者—管理者代理问题的最终目标。

实践中，由于经济发展背景各不相同，人文和历史环境差异较大，世界各国公司治理模式呈现出显著的多样性。例如，同为发达国家的美国和德国的公司治理模式就有明显的差别，受亚洲文化熏陶已久的日本和韩国的公司治理模式也各有千秋。需要强调的是，虽然不同体制下的公司治理中存在各种各样的问题，但是无论哪种体制下的国家均不乏成功公司治理的案例。这说明在其公司治理内部必定存在一个比较好的对标准治理模式的替代机制来为良好的公司治理提供驱动。

对目前已有的公司治理模式主要有两种划分方法：

(1)根据公司治理所涉及的范围，公司治理可分为内部治理和外部治理两种类型。

1)内部治理模式。以公司内部人为基础的治理模式，称为内部治理模式。公司内部治理所要解决的问题是公司内部的利益协调问题，其主要途径是通过内部的机构设置和权力安排来解决有关的效率问题。对于一个外部市场不很发达的经济来说，良好的内部治理机制尤为重要。

2)外部治理模式。以外部市场为基础的治理模式，称为外部治理模式。公司外部治理是通过外部的因素和手段，如利用竞争、资本市场、利益相关者等对公司进行控制，解决公司的治理问题。

以上两种模式的划分并不是绝对的，在很大程度上，两种模式相辅相成。两种模式的区别在于它们对不同治理手段的利用程度不同，而不是对两种不同手段的取舍。

(2)根据公司治理所属区域，公司治理机制可分为四类，分别是：以英美为代表的“市场导向型”公司治理、以德日为代表的“银行导向型”公司治理、东亚及拉美的家族监控型公司治理和转轨经济国家公司治理。

1)英美“市场导向型”治理模式的特点是公司只设立单层董事会，非执行董事(外部董事)和执行董事共同参与公司治理，以外部董事居多。所有权比较分散，股东对管理层的监督较为困难，容易出现所谓“弱股东、强管理层”问题。对这一代理问题的替代解决机制便是产品市场、经理市场、资本市场、法院等外部的约束机制。如公司需要满足严格的上市要求，进行严格的信息披露，经理市场的竞争和并购等市场化机制也对公司管理层形成了较强的制约。

2)德日“银行导向型”治理模式的特点是具有完整的双层董事会，所有权相对集中，银行在公司治理中起到了关键作用。在这种治理模式中，公司需要经常考虑利益相关者集合中的复杂的利益协调问题。具体就日本而言，其治理机制与英美相比最重要的差异便是法人的交叉持股和监督的主银行体制。这便是日本公司治理中对标准治理模式的替代机制。这种银行与企业之间的关系确保了银行扮演代理监管人的角色，从而有助于克服管理者和企业之间的代理问题。在这种架构下，日本的公司治理机制曾经在历史上取得了长期的成功。

3)东亚及拉美家族监控型公司治理模式中，股权主要集中在家族手里，家族一般都广泛参与公司的管理、控制和决策。例如，韩国的公司治理就是典型的家族监控型，在这种类型中，家族控制董事会，董事会决定经理层的任免，家族是整个公司治理结构的核心，这种架构在特定的历史时期并没有显示出它的弊端。但是当企业规模日益扩大导致家族开始无力控制整个公司，家族股东与外部股东逐渐发生矛盾冲突时，韩国的公司治理就开始逐渐抛弃这种模式，逐渐走向外部监控为主导的治理模式。

4)转轨经济公司治理模式以俄罗斯和中、东欧为代表，其共同特点是存在着数量众多的国有企业需要进行重组和产权改革，同时法律体系较为混乱，对产权的界定和公司治理结构兼具英美模式和德日模式的某些特征，是转轨经济中特有的、尚不成熟的综合型治理结构。其公司治理的最大问题就是内部人控制。在转轨经济国家，对投资者的保护相对薄弱，股票市场等外部力量对公司内部人不能形成较强的制约力量。目前俄罗斯也正在采取诸如引入外部股东等方法来解决内部人控制的问题。

综上所述，公司治理并没有永恒不变的标准模式和机制，不同国情和体制下公司治理的形成均有相应的具体特色，反映了该国的文化和传统，具有一定的制度依赖性。例如，美国公司治理中股权相对分散就是与美国文化传统中根深蒂固的“权力分散观”有密切关系，美国人不喜欢政治和经济权力在私人手中大规模集中。此外，美国长期以来形成的“私有财产神圣不可侵犯”的观念也使得他们倾向于利用外部治理对公司内部人形成强大的约束。转轨中的东欧国家和俄罗斯之所以出现“内部人控制”的严重问题，也是和它们在计划经济时代中央集权、经济不民主的传统分不开的。

20世纪90年代以来，随着公司经营国际化、资本市场全球化以及证券市场在金融体系中的地位日益突出，各种公司治理模式的发展呈现出强烈的趋同性。由于近年来英美"市场导向型"模式的公司治理效果更好一些，因此，英美模式日益为各国所仿效。另外，不同类型的模式也各有其较好的适应对象，比较一致的看法是，英美模式更适合于具有高技术和高风险特征的行业(如石油开采、生物技术、制药和软件等)中的企业，而德日模式则适合于具有标准化生产过程和广泛运用成熟技术的企业。各国的实践证明，治理模式应从根本上适应特定公司的特征和需要，以及特定的经济发展阶段，并随着企业自身的成长和外部经营环境的变化不断改进。不仅一个国家不能照搬某种模式，每个国家的不同企业在不同的发展阶段也应该根据各自的特点寻找适合的治理构架。

第二节　民营企业公司治理改革的重要性及特点

一、民营企业公司治理改革的重要性

虽然民营企业已逐步发展成为我国经济的一支重要力量，促进和壮大了国民经济，但是，由于我国民营企业是在特殊的体制环境下创业和成长起来的，多数民营企业具有一些先天的弱点，尤其是在公司治理方面更存在着缺陷，民营企业必须完善公司治理。

(一)良好的公司治理是民营企业融资的前提

一般来讲，民营企业建立良好的公司治理，可以激励经理和董事会去实现那些符合企业和国家利益的经营目标，提供有效的监督和约束机制，提高企业经营业绩。特别是在目前民营企业融资困难的情况下，公司治理的改善显得尤其重要。建立良好的公司治理，在企业内部建立起有效的制衡机制，不仅可以降低企业经营风险，而且也将大大提高银行及市场潜在投资人的信心，鼓励更加稳定的、长期的资金流入。

(二)良好的公司治理是民营企业迎接各种挑战的需要

(1)知识经济的挑战。知识经济时代要求企业要进行技术创新，而完善公司治理、进行制度创新是技术创新的根本保证。制度创新能够推动技术创新，技术创新又要求制度上先创新。

(2)国际化的挑战。随着全球一体化的步伐加快，跨国公司纷纷涌入，携带着先进的技术和大量资本涌入中国。这对相对落后的民族工业将是一种强大的冲击

与挑战；如果民营企业不构建良好的公司治理架构，还沿用落后的制度，势必经不起挑战而无法竞争。

(3)消费者的挑战。消费者对产品的质量、品牌、价格以及售后服务的要求越来越严格，对包括民营企业在内的所有企业提出更高的要求。消费者代表着市场，市场要求企业必须建立配套的经营和管理机制。

二、民营企业公司治理与国有企业公司治理的区别

民营企业公司治理必须遵循公司治理的一般原则，但由于其在起源、规模等方面的特殊性，所以在公司治理的构建方面与国有企业的公司治理存在着差异，主要表现在：

(1)民营企业公司治理的主要问题是怎样处理好家族股东与外部股东的关系，而国有企业公司治理的主要问题是委托与代理关系。对于国有企业而言，委托与代理关系主要体现在股东(出资人)、董事会和管理层三者之间，公司治理的制度安排就是要消除它们之间的信息不对称，形成有效的激励与制约机制。对于民营企业而言，所有权与经营权不分，出资人、管理人往往合二为一，使得经营管理大权集中于家族股东手中，而在一定程度上损害了外部股东的利益。因此民营企业公司治理，首先要健全股东大会、董事会和监事会等公司治理机构，其次要正确处理家族股东与外部股东的关系。

(2)民营企业公司治理的重点是内部治理机制的完善。良好的内部治理机制和外部治理机制对于包括民营企业在内的公司制企业都很重要，但是和国有企业不同，民营企业应侧重于内部治理机制的完善。对于大部分民营企业来讲，其运营的资金主要来自内部，靠股票、债券融资的情形和比例很少，这使得民营企业的公司治理中来自证券市场及债权约束的作用甚微。因此，民营企业公司治理的重点是内部治理机制的完善。这种内部治理不仅仅是股东、经理层、董事会和其他利益相关者的一整套关系和架构，而且是据此对民营企业进行全面管理和控制的制度安排，属于企业管理制度方面的创新。

第三节 民营企业公司治理的现状

从民营企业的形成来看，我国目前的民营企业大致有如下几种类型：①从个体户起家逐渐积累起来，或直接由家族成员投资兴办的家族式企业；②朋友、同

事参股合资开办的合伙制企业；③由民营企业参与改造国有企业或由国有企业自身改制，国有资本退出或者退出控股地位所形成的民营企业。其共同的特点是，企业所有权归一个或一些投资者所有。其中家族式企业因为具有合作、决策的优势而更为普遍。

不论是家族式，还是合伙式，许多民营企业都选择了家族治理模式，即企业由一个强有力的人物作为统帅，以家长的身份带领几名亲信，实行高度集权化的管理。其治理机制具有以下特点：

(1)产权结构一元化，产权界定不清晰。我国民营企业的发展经历了被歧视、压抑、排斥、认可和发展壮大的过程。这种渐进式的发展历程，使我国民营企业的资金大多源于自己的劳动积累，产权结构中所有权主体一元化。我国民营企业的股权构成中，私人股份约占92%，其中私人业主所占股份为66%。

我国部分民营企业，其产权在家庭、家族、亲朋内部人之间含混不清。这些民营企业是以家庭为单位建立的，随着企业的发展及家庭的繁衍，家庭成员的亲缘关系越来越被产权的利益关系冲击而松动，导致家庭成员首先考虑如何尽快明确获得属于自己的资产，而置企业效率、前途于不顾，瓜分现有企业的热情高于关心企业效率的责任心。

(2)所有权与经营权合二为一，实行“老板＋经理”的管理模式。家族制民营企业以业主的亲友为主体、以亲情为纽带形成了一种独特的企业治理结构，不是真正意义上的公司治理。所有权与经营权不分，业主独揽大权，股东会、董事会和监事会形同虚设，这种“老板＋经理”的管理模式，使企业发展战略的制定和经营管理的决策都由业主个人说了算，缺乏来自内外部有效的监控、反馈和制约，使得决策的正确性和准确性大打折扣。在管理方面，缺乏科学有效的管理机制和合理的管理层次。业主事必躬亲，管得宽，抓得细，但效果并不好。

(3)缺乏有效的人才激励机制。我国民营企业的高级管理人员一般都由家族内部人员担任，但家族内不可能产生这么多的“优秀人才”，家族中的人忠诚可嘉，才能有限。由于家族成员占据着重要职位，非家族成员中的优秀人才也得不到施展的机会，很难有个人成就感，这样，优秀人才纷纷跳槽。企业缺乏懂经营、善管理的优秀人才，制约了其经营管理水平的提高。

(4)内控制度不健全。公司治理的完善离不开完善的内控制度。内部控制分为内部会计控制和内部管理控制。民营企业的业主独揽大权，使其内部会计控制难以形成多层次的财务管理主体和多层次的财务监督主体，资金使用混乱，挤占挪用严重，财务状况不够透明，银行监控难度大。由于缺乏科学有效的管理机制，民营企业不是靠健全的机制和完善的制度来管理人，而是凭经营者主观的经验、常识，靠简单的信任和亲情去约束人。这种以人情代替制度，其代价必然是管理的漏洞、经济的损失和亲情的失落。之所以会这样，一是部分企业根本没有制度意识，认为制度是假、大、空，没有用；二是即使有了制度，也不完整，不严密，环境变化了，企业发展了，还沿用老一套，无法起到应有的效用；三是只注重制度建设，不注重制度的实施和管理，走过场，搞形式，把制度贴在墙上，实际却不按制度办事。

在市场经济秩序和法制建设尚待完善的情况下，在激烈的市场竞争中，由于资源极为有限，以业主亲友为主体、以亲情为纽带的家族式治理机制，在民营企业创业初期进行资本原始积累的过程中，较为实用和有效。但在企业具备一定规模寻求再发展时，在企业向现代化、国际化和集团发展的过程中，这种家族式治理越来越暴露出它的局限与不足，已成为制约民营企业发展的“瓶颈”。

第四节　完善民营企业公司治理的设计

一、明晰产权关系，实施产权社会化和公开化

产权结构是公司治理的基础，是民营企业实质性改革的第一步，只有通过产权的内部明晰，才能建立起现代企业公司治理结构，为企业进一步发展提供制度保障。不论是家族式、合伙式的民营企业，还是挂靠国有、集体招牌下的民营企业，都要尊重历史，以投资和承担风险的事实为基础，按照“谁投资，谁所有，谁受益”的原则，使产权的归属得到严格认真的确定。

在明晰现有产权的条件下，引入社会资本，改变产权结构，民营企业产权改革的基本方向是实施产权部分社会化和公开化。一方面是产权社会化，引入社会股东。引入社会股东，可以为民营企业的长期持续发展构造一个良性的体制基础。这样做的主要优点有：融通资金，分散风险，且产权的社会化能在一定程度上有效地制约民营企业常见的决策“一言堂”现象。我国目前有大量闲置的民间资本，这使得民营企业引入社会资本成为可能。另一方面是产权公开化，即员工持股，对企业技术、管理骨干，分配给适当股权。民营企业只有实行产权社会化和公开化，才有可能整合最具价值的社会资源，这同时也是完善公司治理的基础。

二、引进职业经理人，实行两权分离

随着民营企业的发展，资产所有者的经营能力不会随企业规模的扩张而成比例地增长，从而产生了生产急剧扩张和业主能力相对落后的矛盾，业主的经营能力已经难以适应生产规模扩大、经领域拓宽、市场竞争加剧的需要。解决这一问题的最佳途径就是引入职业经理人，实行所有权与经营权分离。引入具有专业化管理知识和技术的职业经理人阶层，有利于科学地整合、优化企业拥有的资源，做出最优的投资和管理选择，进行专业化管理，实现公司利益最大化；职业经理人的引入把企业所有者或股东及其亲属挤出企业管理一线，可以减少企业各种制度发挥效用的阻力，管理者对员工能一视同仁，奖罚分明，这样公司治理的管理效率才能体现出来。

三、加强董事会建设

对董事会进行合理构建以强化其职能，形成具有战略眼光、权威性和专业能力的董事会，应该是完善公司治理的重点。基本方法有两种：一是设立专门委员会。公司治理要求专业化的技巧，这种技巧最好通过董事会层次的委员会进行。董事会可下设若干专门委员会，主要包括审计委员会、薪酬委员会、发展战略委员会等，这些委员会的建立将使董事会对公司高级管理层的领导和监督具体化。二是引进独立董事，以增强董事会的权威性和独立性，但民营企业引进独立董事的主要目的不是监控，而是参与战略管理。要使董事会成为民营企业科学决策和控制风险的重要机构，就要在投资决策及企业内部运作的各个环节上实现程序化、透明化、合理化和规范化，以保证决策的正确性。对于董事会的责权划分，董事会的决策权应该有明确的法定边界，既要能够激励和监督经理层，又要避免介入微观管理，否则，企业管理层的经营自主权就无从体现。

四、健全和完善内控机制

第一，要建立、完善财务管理制度。公司治理实际上就是各个机构权力的安排，而核心的权力就是财权。股东大会、董事会、经理层三个集团瓜分了公司的全部财权，并通过公司章程的规定，明晰各自享受的财权和有效的约束。在公司各种治理关系中，最根本的是财权制衡，而财权制衡中，包含有股东、股东大会、董事会、经理、监事会、财务经理等若干层面。要使财权制衡、财务监督有效，其前提是企业要有完善的财务管理制度，会计部门要能够提供真实、完整、有用的会计报告及其他会计信息，这同时也是取得信贷支持的前提。因此，完善财务管理制度是民营企业完善内控机制的重中之重。

第二，加强管理体系和机制的建设。民营企业要从战略高度重视管理，利用组织和机制的力量弥补个人控制幅度的不足。要采取科学的管理方式，制定合理的规章制度，综合运用各种激励手段，建立客观、公正、系统的评价考核机制，培养员工的主人翁责任感，保证企业的长期稳定和发展。

第三，要正确理解内部控制。有些民营企业把内部控制理解为就是建立相关的管理制度。实质上，内部控制不只是成文的制度，而是一种理念。内部控制不仅存在于正式的制度安排中，而且存在于非正式的制度安排中，如企业文化、员工的价值观等。因此，应把内部控制的理念灌输到企业所有人员的心中，只有从思想上理解内部控制，才能真正去严格执行。所以，民营企业内部控制的建设不是一朝一夕可以完成的，需要长期不懈的努力。

综上所述，我国民营企业公司治理机制的不合理造成了目前民营企业的融资困境。要真正解决民营企业的融资困境，一个重要方面就是要在明晰产权的基础上，合理设计民营企业的公司治理结构，使我国民营企业成为真正意义上的现代公司制企业，并最终缓解和解决民营企业的融资困境，以此推动我国民营经济的持续和稳定发展。

第十二章 民营企业的融资规划与评估机制

依据前文的分析，造成我国民营企业融资困境的原因是多方面的，就民营企业本身而言，融资首要考虑的问题是如何保持财务资源与增长速度之间的动态平衡，在控制好企业增长速度的同时，选择与自身可持续增长能力相吻合的融资策略。

第一节 可持续增长与融资政策的关联分析

Higgins 的可持续增长率模型通过会计方法揭示了可持续增长与融资策略之间的内在关系。"资产＝负债＋股东权益"这一会计恒等式揭示了资金运用等于资金来源的财务关系，企业销售的增长必然引发资金运用的增加，即等式左边资产方的增加，而资产的增加源于等式右侧负债和股东权益的增加。显然，债务资金和权益资金制约着企业销售的增长。企业保障高增长的资金来源渠道有三种：一是内源融资，即依靠内部积累的资金实现增长，这种方式缘于企业内部资源的有限性，往往会限制企业的发展；二是外源融资，即主要依靠增加企业债务和股东投资实现企业的增长，但大量增加负债将会增加企业的财务风险，大量增加投资者的投资会分散股东控股权；三是均衡增长，即在保持目前经营效率和财务结构的情况下，依照留存收益的增长比例来增加债务资金。这种增长就是 Higgins 的可持续增长模式。

根据 Higgins 模型的假设：在企业不增发新股(外部股权融资)的条件下，全部资金的增长首先取决于企业留存收益的增长率(内源融资)，在保持资本结构不变的情况下，按照留存收益的增长幅度相应地增加债务资金(外源融资)，才能实现财务可持续增长。若销售的增长(实际增长率)超过了可持续增长率，等式右边的资金来源势必要增加，增加的途径有两种：第一种是内部调整，即通过提高销售净利率和资产周转率来增加净利润，净利润最终会体现在留存收益(内源融资)的增加中。第二种是外部援助，包括提高财务杠杆和增发新股。提高财务杠杆即增加债务资金比重，这将使得企业改变现有的资本结构。增发新股即进一步寻求外部股权融资。

由此可见，可持续增长强调的是企业适度的增长速度，一旦实际增长率偏离了可持续增长率，如实际增长率超过可持续增长率，则认为目前企业处于资金短缺的状况，企业要为这部分高增长提供相匹配的资金，因此在此时融资就显得尤为重要，或者说，增长速度高度依赖企业的融资策略。对于成长期的企业来讲，资金短缺是制约其快速发展的关键因素，而目前我国大部分民营企业处于成长期，资金需求的缺口比较明显。同理，实际增长率低于可持续增长率，则认为企业处于资金富余的情况，资产放缓增长，留存收益增速减慢，按留存收益增长幅度负债减少，此时企业内部资金充足，这种情况一般出现在企业发展的成熟阶段。

第二节　基于财务可持续增长能力融资条件与融资规划

一、可持续增长下的融资条件

可持续增长率为企业提供了增长速度的基本参考值，即要实现可持续增长，企业的资产、负债、股东权益之间的比例就必须完全按照上一年的状态复制。事实上，这一要求在成长型民营企业中的实现还是有一定难度的，可持续增长率是保持目前财务比率(包括资产负债率)的增长率，按现有财务结构增加借款，即按留存收益增长的多少安排借款，目的是维持当前的财务杠杆和风险水平。在可持续增长率假定下，财务杠杆水平不变，这样一定的财务杠杆水平反映一定水平的风险，但从外部融资与留存收益融资、销售增长率、财务结构或资金结构等对财务杠杆的影响看，仍然值得探讨。根据可持续增长模型的驱动因素分析，企业维持可持续发展能力的基本财务条件体现在以下几方面。

第一，维持原有的销售净利率不变。维持原有的销售净利率不变，必须使成本费用水平控制在销售增长容许增长的水平上，即成本费用增长率与销售增长率同步。

第二，维持原有的资产周转率不变。维持资产周转率不变，必须使销售增长与资产规模相适应，即资产增长率与销售增长率同步。盲目的扩张可能会破坏两者之间的比例关系，从而降低资产周转率。

第三，维持原有的资本结构不变。要维持原有的资本结构不变，负债的增长必须与内部融资增长相匹配，债务资金的盲目增加将打破这一平衡关系，并最终导致财务风险的加大。

第四，维持原有的留存收益比例不变。维持原有的留存收益比例不变表明，即使在业绩良好的状态下也不能提高股利支付率，如此才能保证内部融资的稳定增长不被高股利支付所吞噬。

二、基于财务可持续发展能力融资规划原则

以上分析表明，民营企业要想维持可持续增长的发展态势，基本财务条件是维持现有的经营效率(销售净利率和资产周转率)和财务政策(资本结构和股利政策)不变。在这一状态下，企业的融资主要涉及内源融资和债务融资两个方面，即根据内源融资增长比例增加债务资金。

于是，在折旧基金不变的情况下，如何提高内源融资能力变成了民营企业关注的重点。具体措施包括：

(1)通过经营预算规划未来年度的销售和成本费用支出，销售增长幅度与成本费用增长幅度维持平衡；

(2)通过投资预算规划未来年度资产增长幅度，使之与销售增长幅度相匹配；

(3)通过现金预算规划未来资本结构，内源融资与债务融资比例相匹配；

(4)通过财务预算规划未来股利政策，保障留存收益比率不变。

第三节　民营企业不同发展阶段融资规划

民营企业由于所处的发展阶段不同，表现出不同的财务特征，因此融资时选择的渠道与方式也不同。可持续增长奠定了融资规划的理论基础，在此基础上规划融资既能解决民营企业发展的不同阶段的资金问题，又利于企业保持稳定的可持续增长能力。在之前的分析中发现，绝大多数民营企业处在高增长状态，从企业可持续发展的意义上讲，过度增长比增长不足引发的问题还要严重，因此，有必要专门对高增长企业的融资风险及融资规划进行研究。

一、不同发展阶段融资规划

在有关企业生命周期理论中，企业的发展阶段通常可分为初创期、成长期(包括成长初期和扩张期)、成熟期和衰退期。企业在不同发展阶段呈现出不同的财务特征，因此，其融资方式和融资渠道也要根据不同阶段进行规划。鉴于本研究的重点是基于可持续增长的融资策略，故不再对企业进入衰退期进行专门分析与研究。

(1)初创期。初创期的民营企业亟须购置设备、招聘人员和开拓市场，并且迫切寻找能够快速给企业带来利润点的产品和市场，其特征是：依靠创始股东的投资构建初步市场，企业大都量力而行，因此其现金流出量与现金流入量的差异不大。由于刚刚起步，其盈利能力和营运能力极不稳定，经营风险较大，尽管在此阶段资金需求量不大，但需求频率较高，内部积累比较有限，从投资方角度来看，无法获得预期的收益，因此在这一阶段，民营企业要获得资金支持的难度较大，正规资本市场对于这个阶段的民营企业“惜贷”现象十分明显。因此该阶段应该以银行借贷和民间资本借贷融资方式来弥补资金的缺口。

(2)成长期。成长期又分为成长初期和扩张期。成长期民营企业的市场前景相对明朗，系统性风险下降，经营过程中逐步出现能够带来相对稳定收益的产品和服务，与此同时，由于拥有了一定的市场占有率，企业为保持这一状态，避免竞争者对市场份额的瓜分，必须执行“只进不退”方针，因此，其财务特征是盈利能力有所提高，但营运能力(资产周转率)不高，因为此时收入往往滞后于投资，表现出现金流出量大于现金流入量，资金短缺变得较为明显。此时民营企业仅仅依靠在初创期形成的内部积累往往不能解决资金的需求，同时，由于产品知名度不高造成资金的回笼速度慢，资金被占用以及资金短缺是该阶段民营企业面临的关键问题。鉴于此，成长期仅靠内源融资和部分民间资本是远远不够的，银行方面通常只能提供短期资金。因此，私募股权融资是帮助企业迅速成长的关键资金来源，但由于私募股权融资的风险在于“对赌协议”对业绩增长的要求，所以，企业应该理性分析自身的增长率，盲目乐观的超常增长一定会带来融资风险。根据可持续增长率来预测未来几年比较适中的增长水平，尽可能使实际增长率与可持续增长率同步，根据企业可持续增长率适度融资，可以有效避免融资风险。

扩张期的民营企业在生产、销售和服务等各领域都初具规模，综合实力得到明显加强，企业开始大规模拓展新市场和新产品。与此同时，随着企业间的竞争日趋明显，企业面临的竞争压力随即增加，为了在竞争中获得绝对优势，企业必须加大生产线的投产，增加营销费用，以扩大企业的知名度和美誉度，进一步提高市场份额。该阶段的财务特征表现为：盈利能力进一步提高，由于扩张造成资产周转率不高，但拥有相对稳定的现金流入，现金支出的频率明显加速，且投资资金量较大，因此对大额、长期资金的需求较为迫切。这时的实际增长率会超过可持续增长率，由于企业有了一定的内源融资能力，所以逐步依赖内源融资。对于有大量抵押品的民营企业来讲，银行贷款融资是解决资金问题的渠道之一。同时，引入风险投资(包括私募股权融资)或战略投资是解决长期资金需求的有效融资方式。

(3)成熟期。对于能够跨过初创期、成长初期、扩张期并且存活下来达到成熟期的民营企业来说，其企业管理制度相对完善，管理者的管理技能和战略定位都比较清晰，而且企业已经积累了一定资产，在市场中具有一定的影响力和市场占有率。其财务特征表现为：企业拥有较为稳定的资金来源，内源融资能力大大提高，能较好地满足企业的日常的经营支出，对外部资金需求不再迫切，也就是说自身有了“造血”机能。此阶段企业的可持续增长率与实际增长率之间的差距逐渐减小，企业具有足够的信贷能力，融资环境大为改善，内源融资较为充沛，资金短缺的现象比较少见。由于企业规模较大，市场明朗，产品利润点较多，信用良好，因此长期银行贷款融资渠道较为畅通。出于战略考虑，该阶段可通过IPO的方式，完成上市计划，取得较为稳定的长期资金来源，同时也为并购奠定资金基础，一旦上市融资成功，将进一步拓展融资渠道，增发、配股以及发行债券均成为可以实现的融资方式。

二、“高增长”企业的融资规划

企业的财务资源是有限的，尤其对进入成长期的民营企业而言更为拮据。如何在保证可持续增长的前提下满足高速增长的资金需求已成为众多谋求发展的民营企业最大的问题。

可持续增长率只是一个预测值，是指若下一个年度企业保持与本年度相同的经营效率和财务政策，销售所能增长的最大比率。因此，企业财务可持续增长的实现，并不等同于企业的实际销售增长率恰好等于上一年预测的可持续增长率。可持续增长的实质是企业不断寻求增长速度与财务资源之间的动态平衡。当企业的经营效率和财务政策发生变化时，实际增长率与可持续增长率就会出现偏差，从而出现“高增长”或“低增长”的状态。

由于“高增长”下企业需要融资，因此研究成长型民营企业的筹资策略具有现实的和重要的意义。然而，成长型民营企业的实际增长率往往超过可持续增长率，由快速扩张导致的成本费用水平往往与销售增长不匹配，从而带来严重的资金短缺。

成长型民营企业的融资政策对增长速度有决定性的作用，或者说企业的增长速度高度依赖于企业的融资政策，融资是实现可持续增长和“高增长”的手段。下面将分析非稳态可持续增长模型下的融资策略及其问题所在。

(一)非稳态可持续增长模型下的融资策略与风险

1. 非稳态可持续增长模型下的融资策略

在可持续增长模型中，内源融资主要体现在留存收益比例，留存收益比例高，则企业留给未来发展所需的资金就充裕。内源融资能力来自三条路径：第一，在企业净利润一定的情况下，留存收益比例取决于企业的股利政策(收益分配政策)，低股利支付率(收益分配率)则形成高留存收益率；第二，增加净利润这一基数，而净利润的提高又取决于盈利能力和营运能力两个方面，具体来讲就是提高销售净利率或资产周转率；第三，进一步增加债务资本，这一措施将改变企业的资本结构。

实际增长率大于可持续增长率的情况通常会出现在企业生命周期的成长期阶段，但是按照生命周期理论，公司不可能总处于高速增长阶段。Van Horne 提出的非稳态可持续增长模型提供了实现超常增长的财务路径依赖，包括提高营业净利率、总资产周转率、留存收益率、权益乘数以及发行新股。路径一，通过提高营业净利率可以增强企业产生现金的能力，从而增强内部融资能力，为企业高速增长提供保障；路径二，通过提高总资产周转率可以增加单位资产产出的销售收入，从而减少销售增长时对资产的需求；路径三，通过提高资产负债率，利用财务杠杆正效应获得业绩增长；路径四，通过降低股利支付率提高留存收益比例，实现内部融资增长；路径五，发行新股，即再次进行外部股权融资。

2. 非稳态可持续增长模型下融资策略的风险

第一，提高销售净利率。销售净利率的提高不仅取决于民营企业内部的经营能力，还要受到外部经济环境的影响，这一系统性风险的变数在全球一体化背景下是企业实现“高增长”绩效的最大风险。

第二，提高资产周转率。成长型民营企业高速增长的销售业绩往往伴随着快速扩张，资产的增长速度往往会超过或超前于销售的增长速度，后者是说，即便资产增长速度没有超过销售的增长，也会因为其超前性(先扩张，后产生销售增长效应)而造成与销售增长不能同步进行的局面，使得资产周转率不能提高甚至下降，从而给持续“高增长”带来风险。

第三，提高债务比例。然而，理论与实践一再证明，财务杠杆的提高是有限度的，超过某一限度，必将加大财务风险，产生债务危机成本，同时高债务也必将导致债权人的厌恶，从而堵塞了企业再次负债融资的渠道，甚至导致企业面临破产风险。此外，民营企业容易遭遇信息不对称问题，导致其大规模、大额度的债务融资受阻，即债务融资规模有限。

第四，提高留存收益比例。提高留存收益的比例意味着企业要降低股利支付的比例，但降低股利支付率(收益分配率)的潜力有限。依据以 Gordon(1959)等为代表的“在手之鸟”股利理论，以 Bhattacharya(1979)、John and Joseph(1985)等为代表的信号传递理论，以及 Easterbrook(1904)用代理理论研究股利问题的上述股利相关论学派的观点，股利支付率的高低将会影响公司价值，因此，以降低股利支付率的方式来提高企业增长率对大多数公司而言并没有很大的利用潜力，尤其是成长型民营企业，因为需要大量融资，一再降低股利支付率将会引起投资人的反感，从而带来再融资风险。

第五，依赖外部股权融资。当成长型民营企业不能依赖上述四种方式实现“高增长”时，只能再次依靠外部股权融资增长来满足资金需求。对“高成长”民营企业而言，采用增加权益资本的筹资方式主要是利用民间个人资本投资、私募股权投资(风险投资)以及发行股票融资。

(二)股权融资及其风险

如前所述，成长型民营企业的财务特征表现在：①伴随着收入的快速增长，投资扩张速度及规模也在迅速提高，并且往往投资增长速度超前于销售增长速度，从而造成负的现金净流量；②高投资造成高经营杠杆，经营风险加大，迅速扩张又使得财务风险承受能力较低，负债融资的财务压力较大且过多的债务会导致债权人的投资谨慎；③内部融资能力极为有限，留存收益与折旧基金的增长达不到投资扩张所需资金的要求。此外，成长型民营企业容易遭遇信息不对称问题，导致其大规模、大额度的债务融资受阻。这就决定了该类企业的融资方式的选择，即成长型民营企业的融资顺序表现为在内源融资不能满足需求的情况下，选择外部股权融资。

1. 私募股权融资及其风险

与公募(发行股票)相比，私募股权融资的优点是融资成本和信息披露成本较低，并且可以多次进行融资。由于增加了权益资本，从而提高了企业的偿债能力。

与银行贷款融资相比，无须抵押品且减少了还本付息的压力。

纵观我国近年来对赌协议的案例不难发现，融资方则多为成长型民营企业，它们遇到的共同问题是，随着企业的迅速发展与壮大，资金严重不足，上市融资难度较大，融资渠道有限。

然而，与私募股权融资相伴而生的是投、融资双方签署的对赌协议。对赌协议是投资方与融资方在达成投、融资协议时，对未来不确定情况进行的一种约定，即双方为确保各自的利益而列出的一系列金融条款。如果约定的条件出现，投资方可以行使一种权利；如果约定的条件不出现，融资方则行使一种权利。同时，这也是一种常见的解决未来不确定性和信息不对称问题的手段，鉴于其立足于“未来”，因而在财务理论上，对赌协议实际上是一种高风险、高收益的期权形式。当投资方与融资方在经营绩效上存在信息不对称的情形，或者投资方不能或不太关注融资方的战略方针与经营过程而仅注重其绩效结果时，利用对赌协议，投资方可以较低的代理成本实现自己的权益并锁定自身的投资风险。而作为融资方的企业(主要是成长型企业)，则以股权为代价获取高速增长所需的大额资金，以解燃眉之急。

然而，私募股权融资的风险体现在，当一家企业无法完成对赌协议中约定的财务业绩时，会导致两种结果：一是陷入“融资—保业绩增长—再融资”的循环协议泥潭而不能自拔。为了实现对赌协议中的财务绩效要求，保证“高增长”所需的资金，企业在无法依赖可持续增长模型中经营绩效提高和财务政策调整路径的情况下，只有再次依靠外部股权融资的增加来满足资金需求。如果再次采取私募股权融资，则伴随而来的是又一份对赌协议，企业从此陷入连环“赌局”之中而无法自拔。二是忍痛割让股权或被兼并。

2. 发行股票融资及其风险

当一个企业愿意并且能够在资本市场增发股票，它的可持续增长问题可得以消除。新增加的权益资本和利用财务杠杆增加的借款能力将为企业提供充足的发展资金。发行股票融资的优点包括：不需要偿还本金和支付固定利息，因而降低了财务风险；保证企业长期资金的需求；股权资本的增加使偿债能力提高了，从而有利于进一步获得债务资金；便于帮助民营企业建立规范的现代企业制度，完善公司治理结构。

随着2009年创业板推出，资本市场为民营企业融资提供了便利。中小板和创业板的上市条件相对主板而言较为宽松，为成长型民营企业以及高新技术民营企业融资增添了新的融资渠道。然而，对成长型的民营企业而言，采取发行股票融资的方式将面临的风险包括：发行、上市时间跨度长，无法满足企业发展亟须的资金需求；相对其他股权融资方式而言，融资成本较高，高额的资本成本会侵蚀企业生产经营急需的资金。

3. 民间资本融资及其风险

民间资本中介机构在这些年来发展迅速，除了民间直接借贷、企业间借贷、企业集资(集股)、金融合会、地下钱庄、典当行、民间租赁及民间票据贴现等民间金融形式外，近年来还出现了许多新的民间中介机构。自 2011 年以来所发生的温州部分民营企业资金链断裂和企业主“跑路”(避债出走)的现象屡见不鲜。究其原因，从民营企业的角度来看，由于国家宏观货币政策由“宽”入“紧”，对于民营企业的融资需求一般较难满足，银行抽贷、压贷，一些企业因为资金周转不灵不得不依赖于高息民间融资，这直接加大了企业的融资成本，从而侵蚀了企业的经营绩效，在经营业绩下降，无力偿还民间借贷的高额利息的情况下，陷入了严重的债务困境；从宏观环境来看，民间资本如果不能得到较好的指引和规范，对整个金融市场也会产生消极影响。两者的相互作用会使得民营企业陷入“高息融资—降低经营业绩—债务风险—再次高息融资”的循环困境中。

近年来由于原材料价格上涨、劳动力成本上升，企业利润空间大大压缩，有的企业脱离了主业搞房地产投资、民间高息放贷和其他高收益、高风险的投机活动，加上民间中介机构对民间高息放贷的推波助澜，投机风气甚嚣尘上。在货币政策收紧与房地产政策调控下，企业内部资金流量严重不足，结果导致了严重的债务危机。尽管在政府与金融部门支持下，目前部分“跑路”的温州企业主已经回来恢复生产，民间借贷风波已在可控范围内，但民间融资的风险隐患及其对实体经济的负面影响依然存在。由此可见，民间资本融资可能会给民营企业带来相应的财务危机，也有可能使民营企业在获得资金支持后迅速扩张，脱离可持续增长的速度，造成资金链断裂，使企业陷入破产的巨大风险之中。

第四节　民间资本融资渠道建设

鉴于其他融资渠道，如银行贷款、私募股权融资、IPO 以及债券融资等方式均有相对成熟的渠道、规范和监管，而民间资本融资目前出现的问题较多，因此，接下来专门对民间资本融资渠道建设进行规划。

民间借贷资金来源广泛，借贷活动主要基于个人信用，以亲缘、地缘为纽带。

从借贷活动的资金供给方来看，民间借贷中介吸纳的资金多源于亲朋、同事。资金来源主要有储蓄、土地补偿金、拆迁补偿、资本所得(租赁、盈利)、银行贷款、信用卡套现等，向个人借款约占其民间融资总借入资金的54%，向银行方面的资金借入占30%左右。由于资金出借活动几乎完全基于个人信用，所以通常较少有正规合同文本，也较少有对资金投放的具体关注。大多数借贷活动经过1～3个资金中介，也有民间借贷活动直接发生在企业之间。资金流向相对集中，主要集中于房地产及煤炭等行业。以2015年的鄂尔多斯投资为例，投资公司、寄卖行等民间借贷机构融资额在100万元以上的企业主要集中在房地产开发、煤炭选采、运输以及加工业，其中又以房地产企业融资占比最大，约占60%，煤炭企业约占20%，用途主要是企业流动资金周转；100万元以下的小额资金流向主要为汽车经销商、个体工商户等。

在目前市场环境下，民营企业要顺利获得民间资本的支持，还需要以下几方面的共同配合。首先，需在民间资本与民营企业之间建立有效的信用担保机制与监管机制。信用是融资的基础，信用基础依赖于企业的自身建设。建立信用机制，包括建立中小企业的经营信用、资本信用、质量信用、企业经营者信用等多方面的资信档案，并在全国范围内各个地区的信用机构进行信息共享，真实了解民营企业的信用程度。而民营企业的担保机制也同等重要，这是防止出现道德风险的有效措施。在我国，担保收费受到政府的严格控制，担保收益与风险严重不对称，使很多营利性担保基金放弃盈利机会。为此，政府应该在制度上予以支持，并给予担保公司相应政策上的鼓励，如对担保的税收优惠措施。其次，在有条件的区域逐步建立政府补偿机制。

民营企业在经营过程中风险较大，一方面是由于民营企业本身经营发展有限，自身造血功能不足，另一方面相较于国有企业，最大的区别在于国有企业以国有资产作为担保，而民营企业恰好缺乏的就是这样一种不会“破产”的优质资源担保。担保企业的风险大，当民营企业发生较大风险时，单纯依靠担保公司自身的资产，很难对风险进行补偿。这样就有必要建立政府补偿机制，减少担保公司和民营企业的经营风险。我国自2003年起正式实施《中华人民共和国中小企业促进法》，明确规定了县级以上人民政府和有关部门应当推行和组织建立中小企业信用担保体系，并鼓励各种担保机构为中小企业提供信用担保，以及中小企业依法开展多种形式的互助性融资担保，进一步促进担保体系的发展。

一、制度改革，政策引导民间资本

在担保机制逐渐完善的过程中，要逐步引导民间资本进入民营企业的正常融资渠道中来。民间资本在近年来经济发展中扮演了重要的角色，有关民间资本融资的政策支持也逐渐增多。2005 年，《国务院关于鼓励支持和引导个体私营等非公有制经济发展的若干意见》(即“非公 36 条”)发布，2010 年 5 月《国务院关于鼓励和引导民间投资健康发展的若干意见》(即“新 36 条”)发布。对照两个 36 条，“新 36 条”突破最大的方面就是允许民间资本进入金融领域。这一政策的突破将解决民营企业长期存在的融资难问题，也为民间资本的发展壮大提供了强有力的支撑。“新 36 条”指出，鼓励和引导民间资本进入市政公用事业和政策性住房建设领域。

2012 年 3 月 28 日，国务院常务会议决定设立温州市金融综合改革试验区，从国家层面确定了金融改革方向之后，11 月 23 日，浙江温州对金融综合改革试验区试验方案的主要内容进行了通报，并公布了《浙江省温州市金融综合改革试验区实施方案》，在此次公布的实施方案中，温州提出，金融改革以打造“中小企业金融服务中心”和“民间财富管理中心”为重点，落脚点则在着力破解温州市经济金融发展中存在的中小企业多但融资难、民间资金多但投资难的“两多两难”问题，构建多元化金融体系。紧接着广东和江苏等地也逐步为民间资本松绑。这仅仅是民间资本得以参与民营企业经营的前奏，政策的有效性有待市场检验，同时，在随后的民间资本发展过程中，政府引导和制度改革还将起到更为明显的作用。

在政府监管机制之下，配合有关民间资本的制度改革和政策引导，才能有效地放开民间资本。目前除部分地区建立了中小企业金融服务中心以外，大部分地区仍然以中小企业管理局为负责民间资本运营的监督机构。从制度上来说，民间资本不同于国有资本，因此中小企业管理局除了拓宽民间资本的服务渠道以外，更多的管理还是应当由民间资本自主进行。中小企业管理局配合相关机构合理监督和进行政策引导，提供相应的信息服务。如信息服务体系的建设，为民间资本和民营企业建立沟通的平台，并在此平台公布共享民营企业信用体系和信用记录。此外，政府应建立健全确保各种融资渠道和融资市场发挥作用的法律法规体制及市场维护制度，承担监督民间资本运行的角色。

二、民间资本与金融体系开展渠道深度合作

在政府逐步开放民间资本准入渠道的同时，民间资本还可以考虑与现有金融体系下的金融渠道进行合作，这是能够快速进入主流经济市场的途径。建立银行、证券公司和保险公司之间的合作机制，如与银行保险在融资合作保险、按揭贷款

保险和保险资金运用等领域的合作。在支持民间资本投资金融产业的大前提下，鼓励民间资本以入股方式参与商业银行、城商银行、农商银行的增资扩股，参与银行、证券、保险等金融机构的改制重组。

民间资本与主流金融体系展开深度合作，一方面是为了提高渠道建设的效率；另一方面则为民间资本参照商业银行的管理经营模式提供范本。目前我国允许民间资本依照有关规定参与设立村镇银行、小额贷款公司、农村资金互助社等金融机构。民间资本在管理模式、经营理念方面存在不足，可以考虑与商业银行等金融机构采取双向信息交流，展开相关内容的重点培训与共同开发，提高民间资本的整体运行效果。

三、民间资本多层次融资体系

在之前的分析中根据民营企业所处生命周期的不同，提出了不同的融资规划。民间资本可以根据民营企业所处的阶段进行不同层次的投资，满足不同阶段民营企业的需要。而建立多层次民间资本投融资体系，在国家允许民间资本进入金融业之后，民间资本可在当地政府的引导下，逐步建立民间资本的银行、信用社以及合作社，它们在政府监管之下，各司其职，完成相应的投融资活动。

(1)民间资本银行主要负责获得资金，并筛选合适的投资企业，接受民营企业的贷款需求，审批贷款额度，最终为民营企业发放贷款，以及对民营企业进行贷款使用情况的监控。

(2)民间资本信用社则主要负责了解和调研民营企业的资产负债结构、还贷记录以及出具相应的信用评估报告，并配合民间资本进入民营企业的渠道建设体系中信用担保机制建设，完善民营企业的资信档案。同时，民间资本所设立的银行也将对民营企业有关贷款的具体使用支配情况进行监控，并将监控信息反馈给民间资本信用社，进一步补充民营企业的信用评估。

(3)民间资本合作社的主要功能在于为民间资本银行以及民间资本信用社和民营企业提供技术支持，包括进行相应的投融资的指导，为民间资本进行相应的指导，提供适合的预期收益区间，以及对民间资本银行筛选民营企业的评估标准进行解释。民间资本的整体运行都需在政府监管的范围下进行，这有助于民间资本投融资的良性发展。

第五节　民营企业投融资甄选评估机制

通过前文基于实际增长率与可持续增长率的对比分析来看，民营企业本身的盈利能力不足是内源融资困难的基本原因。从外部环境来看，民营企业融资困难在于可供民营企业选择的融资渠道并不完善。

事实上，民营企业的可持续增长能力差异较大，外部资金供给者如果无法准确、全面地掌握民营企业的真实业绩，其投资风险也增大，这正是银行等金融机构以及战略投资者等望而却步的原因所在。因此，有关民营企业的可持续增长能力的甄选机制变得尤为重要，外部资金供给者通过合理的价值评估方式对被投资民营企业进行科学的评估来选择符合基本投资预期的企业变得至关重要。以下将从经营战略、管理能力、财务绩效和风险评估与控制几个方面探讨如何对民营企业进行甄选。

一、基于可持续增长能力的经营战略甄选机制

选择合适的民营企业首先要以价值评估为核心，深入分析民营企业的经营战略，因为它决定了企业的长期发展方向，一旦被市场检验是合乎市场需求的经营方针，势必能带给企业长远的可持续发展机会，因此其经营战略必须具有全局性以及前瞻性，能够预计未来市场需求的变动。同时，从企业本身角度来说能够兼顾业务发展与财务稳健的需要，不断提高企业的核心竞争力，实现企业的可持续发展。

(一)经营战略与可持续增长的关联

要充分关注民营企业的成长性，评估企业的可持续增长率。企业的成长性除了表现为经营规模的简单扩大外，利润增加、成本降低、技术进步均是成长性的重要衡量指标，而基于可持续增长的观点，民营企业的成长性不仅仅是上述指标，还应该考核其实际增长率与目前的资本结构、偿债能力、营运能力以及盈利能力等相匹配的可持续增长率之间的差异及程度，以及造成这种差异的原因。

不少民营企业在成长阶段，一般会采用纵向多元化的经营战略。快速成长的企业是否具备一个或多个现金流稳定的产品是商业银行等金融机构需要考虑的重要因素，在民营企业发展的各个阶段中，审慎地对待企业的经营战略，采用较为稳健的扩张战略，可以使民营企业在成长的过程中，既能实现预期收益率，保证

企业内源融资的稳定，也可以通过自有资本为企业下一轮发展提供更高效的运营能力(资产周转率)。因此，民营企业在成长期不仅需要控制快速扩张带来的经营风险和财务风险，同时需谨慎对待不同渠道获得的资金支持，重点培养企业的主要盈利点。

(二)从战略维度甄选投资对象

从战略维度甄选投资对象可以按照以下几个方面展开：

第一，分析企业经营战略的类别，看其采取的是稳健经营战略、激进经营战略还是保守经营战略。稳健经营战略和保守经营战略通常不会带来过多的风险，若企业采取比较激进扩张的经营战略，实际增长率就会明显超过可持续增长率水平，而迅速扩张会使得收入增长滞后于资产的增长，在销售利润率和留存收益率不能明显提高的情况下，内源融资能力有限，大量的发展资金就要依靠外部借债或股权融资类来解决，若过度负债，则还债压力陡增，如盲目引入风险资本，也会带来融资风险。因此从可持续增长的观点来看，对外部资金供给者而言，应该选择采取稳健发展战略的民营企业。

第二，要对民营企业的发展战略进行深入研究和甄别。成长期的民营企业在发展过程中主要采取多元化战略。多元化战略可以分为相关多元化和非相关多元化，前者指企业所开展的各项业务之间有明显的有形关联：如共同的市场、营销渠道、生产、技术、采购、信用和人才等，相关业务之间的价值活动能够共享；后者则更多的是一种无形关联，主要是建立在管理、品牌、商誉等方面的共享。在分析民营企业多元化投资行为时，应着重分析企业投资决策人的投资心态和偏好，跨行业投资的目的是进行实业投资还是短期变卖套现等，分析企业跨行业投资对其现有资产和经营的影响，从而客观判断其多元化策略可能对可持续增长带来的影响。

第三，结合主营业务来看，要分析投资项目是否围绕主营业务，一般而言，主营业务都是企业的主要利润增长点，围绕主营业务展开的战略，资金的获利期望也相对较高；倘若是偏离主营业务的经营战略，则要关注其投资动机、目的及合理性。

第四，从行业中的格局来看，了解作为目标投资的民营企业是属于行业中的领先者、及时跟进者还是一般跟随者，一般来说，行业领先者风险较高，及时跟进者风格较为稳健，普通跟随者中长期风险很大，特别是在形成垄断竞争格局的行业和新兴产业。

二、基于可持续增长能力的管理能力甄选机制

(一)管理能力与可持续增长的关联

除了经营战略方向以外，企业的管理能力尤为重要，它是风险投资机构或战略投资者关注的关键要素之一。在影响管理行为的管理要素中，管理者在管理活动中处于主导地位，民营企业管理团队的整体水平直接影响经营战略的实施以及绩效。管理团队成员的经历、学识、性格、经验和品德往往决定着民营企业的决策质量、决策水平和实施有效管理的规模和边界，这些部分共同组成管理者的管理能力。另外，大部分民营企业以家族经营为主，不少企业的实际控制人本身就是企业的高管，那么实际控制人与管理团队的管理才能和决策能力直接决定了企业的发展前景，而这些无法通过企业的财务年报等数据直接体现出来。然而，它可以通过既往的决策能力、执行能力、战略实施效果以及最终的绩效呈现出来。通常情况下，管理水平较强的公司其战略执行效果较好，企业稳步发展，不会出现大幅度的波动，基本沿着可持续增长的路径发展；反之，管理水平较低的公司不能按照战略部署实施计划，朝令夕改，变化无常，业绩波动较大。

(二)从管理能力维度甄选投资对象

从管理能力维度甄选投资对象可以从以下两方面展开：

第一，判断管理者的经验。可以通过分析管理者及团队是否具有某一领域的专业背景或相关学习经历，来判断是否具有相应行业以及企业管理经验。若高管本身又是公司的实际控制人，则要考察其原始资本是通过长期的逐步积累，还是依靠遗产继承或是通过资本运作、重组并购等手段来实现的。一般来说，通过长期经营积累资本的实际控制人相对而言管理经验丰富，并有处理危机的能力；通过短期经营致富(继承、资本运作等)的实际控制人往往缺乏这方面的能力。

第二，分析管理团队的稳定性。团队的稳定性是企业实现可持续发展的人力资源基础。民营企业在成长期通常从外部市场引入职业经理人或管理团队，相当一部分民营企业由于采用家族式的管理模式，原家族管理层的管理水平不高且各自为政，与外部引入的管理人员很难步调一致，导致外部引入的管理人才频频出走，管理团队的稳定性较差。一个稳定性较差的管理团队终将无法承载企业可持续发展的责任。因此，外部资金供给者通过对民营企业管理团队的稳定性调查可以甄别其可持续发展的能力。

三、基于可持续增长能力的财务绩效甄选机制

如果说之前对企业经营战略和管理能力的判断是从企业的软实力方面进行甄别，那么接下来的财务绩效则是从企业的硬实力方面来判断和甄别民营企业是否具有长期的可持续增长能力。

(一)财务绩效与可持续增长的关联

财务绩效甄选主要是指选定合适的财务指标来考察民营企业的财务绩效，以判断其是否具备可持续增长能力。如前文所述，可持续增长涉及四个关键财务指标，即以销售净利率和资产周转率为代表的经营绩效和以资产负债率(权益乘数)和留存收益率为代表的财务政策。其中销售净利率体现了企业的盈利能力，盈利能力在一定条件下又决定了留存收益率，即内源融资能力；资产周转率反映企业的营运能力，营运能力的提高将有助于提高盈利能力和内源融资能力。

(二)从财务绩效维度甄选投资对象

依据上述可持续增长的关键财务因素，从财务绩效维度甄选投资对象主要从以下几个方面展开：

第一，资产周转率的甄别。处在发展初期的民营企业，其资产周转率通常不会太高，对资金的需求迫切但需求量不大。在甄选时主要关注资产周转率是否逐步在提高，因为该指标反映了民营企业的营运能力，营运能力强则资金回笼速度快，资金供给方的投资风险相对会小，同时企业可持续增长能力会由于营运能力的加强而提高。处在成长初期和扩张期的民营企业，其资产周转率有可能下降，因为快速扩张使得资产增长迅猛，而收入增长滞后，这属于正常状况。而到了成熟期，企业的资产周转率应该趋于稳定，出现大幅波动则不正常。

第二，销售净利率的甄别。销售净利率反映了企业的盈利能力，盈利能力越强，企业内源融资能力越强，外部融资障碍也越小，同时也越有利于企业的可持续发展。处在发展初期的民营企业，由于规模小，成本费用水平高，其销售净利率一般不会太高，甄选时主要关注销售净利率是否逐步在提高。处在成长初期和扩张期的民营企业，其销售净利率应该比初创期有较大幅度的提高且逐年增长。到了成熟期，企业的销售净利率应该趋于稳定，出现大幅波动则不正常。

第三，留存收益率的甄别。留存收益率是民营企业财务政策的体现，即企业将获得的收益多少用来分配给股东，多少作为企业持续发展的资金留下来。合理安排这一财务政策至关重要，它直接关系到企业进一步的融资规模。处在发展初

期的民营企业通常不进行收益分配，如此可以将有限的财务资源留给未来的发展所用。而处在成长初期和扩张期的民营企业，尽管收益分配会增加，但由于收益基数较大，不会对留存收益率造成太大的影响，因此此时的留存收益率有所提高属于正常状况。到了成熟期，企业的留存收益率可能进一步地下降，因为收益趋于稳定，对融资的需求不再迫切，经营所得将更多地回报给投资人。

第四，资产负债率的甄别。资产负债率也是民营企业财务政策的体现，反映了企业的融资安排。处在发展初期的民营企业，由于其负债融资的条件不完善，很难通过负债方式融资，同时，由于其盈利能力和营运能力均不强，负债融资风险较大，故其资产负债率一般不应太高。处在成长初期和扩张期的民营企业，其资产负债率有可能会提高，因为快速扩张使得资产增长迅猛，债务融资的抵押品充足，并且此时的盈利能力和营运能力均有所提高，可以对偿还债务起到保障作用。到了成熟期，企业的资产周转率应该比成长期有所下降，因为此时收益趋于稳定，对融资的需求不再迫切。

四、基于可持续增长能力的企业风险评估

(一)风险评估与可持续增长的关联

民营企业在信息透明方面存在欠缺，因此资金供给者通过对民营企业风险的评估，可以较好地保证投资效率，使企业在获得资金之后能够按照可持续发展的路径有条不紊地控制经营与投资活动。如果不进行各项风险评估，就无法保证经营战略的实施和财务绩效的实现，从而反过来影响企业的可持续增长。

(二)从风险评估维度甄选民营企业

从风险评估角度来甄选合适的民营企业，作为资金供给者主要应该考虑以下两个维度，即风险观察与风险预警。

第一，风险观察的主要目的是考察民营企业以往的经营风险和财务风险事件。经营风险主要指在企业的生产经营过程中，由于各个环节和各项具体实施方案在不确定性因素的影响下所导致的风险。而财务风险则是企业在经营当中遭遇不确定性因素的影响使企业陷入财务困境。在甄选时，一是通过考察民营企业以往的风险事件及应对策略，判断其风险程度以及应对风险的能力；二是通过考察民营企业与过往供给者之间的契约履行情况，评估其违约风险。对债权人而言，对民营企业银行还贷记录不良和预期综合收益不明朗的企业，则需酌情考虑贷款的可能性和程度；股权投资者则要根据其以往的风险事件及应对策略判断其遭遇风险

的频率、大小以及抵御风险的能力。

第二，风险预警主要是通过观察相关财务指标的异常波动，评估民营企业可能发生的财务风险及其程度。财务预警系统是以企业信息化为基础，对企业在经营管理活动中的潜在风险进行实时监控的系统。它贯穿企业经营活动的全过程，以企业的财务报表、经营计划及其他相关的财务资料为依据，利用财会、金融、企业管理、市场营销等理论，采用比例分析、数学模型等方法，发现企业存在的风险，并发出信号示警。其中比较常用的财务预警系统采用综合模式思路，即运用多种财务指标加权汇总产生的总判别值来预测财务风险，建立一个多元线性函数模型，来综合反映企业风险。此内容不是本研究的重点，故不再赘述。

第六节　民营企业甄选评估机制汇总

(1)在民营企业的初创阶段，投资者在甄选合适的投资对象时，着重考虑企业的发展战略，了解该企业战略的可持续性，并详细分析目前该战略对现金流量和可持续增长的影响。在此阶段，企业领导团队的管理能力也十分关键，因此两者被分别赋以 40%和 30%左右的权重，此时企业绩效表现不明显，因此仅赋值 20%。在初创期风险累积不多，给予风险评估赋值 10%。

(2)在民营企业成长初期阶段，风险逐步加大，企业的战略方向与财务能力变得尤为关键，目前民营企业大部分处于成长阶段，因此要格外注重这一阶段各项指标权重的确定。首先，企业的经营战略占比为 30%。其次此阶段的财务指标也比较关键，在此阶段，企业应逐步开始转向以内源融资为有效补充的时期，所以财务各项指标权重赋值达到 35%。同时，此阶段的管理能力已经相对稳定，赋值 20%，而风险比初创期更为明显，赋值 15%。

(3)当民营企业进入扩张阶段，企业的发展速度与资本结构基本匹配，也就是实际增长率逐渐与企业的可持续增长率相匹配，因此该阶段将实现以内源融资为主、外源融资为辅的局面，企业的经营战略、管理能力也发展到相对稳定的阶段。投资者在甄选民营企业时则应该着重考虑民营企业的各项财务指标，因此该阶段财务各项指标的赋值达到 40%，而经营战略与管理能力设计比重分别为 20%与 30%，风险评估占比 10%。

(4)进入成熟阶段是民营企业发展相对稳定的标志，进入这一阶段的民营企业基本上依靠内源融资即可以满足企业的发展需要，而此时由于企业的市场份额较大，盈利稳定，一般是投资者争相获取的投资对象。此时同样要关注民营企业的财务状况，只要保持财务绩效的稳定，企业将继续保持可持续发展的惯性。因此该阶段对民营企业财务指标赋值合计为50%，而对企业战略和管理能力赋值均为20%，对风险赋值10%。

在投资者进行甄选过程中可根据企业性质、行业特点等进行适当的调整，以更加符合现实需要。并且这一甄选机制，还将在现实中不断丰富和充实各项指标。

参考文献

Reference

[1] 陈万江，郭丹．现代企业融资方式和技巧[M]．成都：西南财经大学出版社，2001.

[2] 潘飞，朱百鸣．企业筹资决策[M]．上海：立信会计出版社，2000.

[3] 万解秋．企业融资结构研究[M]．上海：复旦大学出版社，2001.

[4] [美]斯蒂芬·A·罗斯，[美]伦道夫·W·威斯特菲尔德，[美]杰弗利·F·杰富．公司理财[M]．第9版．吴世农，沈艺峰，王志强，等译．北京：机械工业出版社，2012.

[5] 王昕．中国直接融资方式的发展[M]．北京：中国计划出版社，2000.

[6] 吕国胜．中小企业研究[M]．上海：上海财经大学出版社，2000.

[7] 胡凤斌．资本结构及治理优化：现代公司理论与国企改制实务[M]．北京：中国法制出版社，2005.

[8] 方晓霞．中国企业融资：制度变迁与行为分析[M]．北京：北京大学出版社，1999.

[9] 张昌彩．中国融资方式研究[M]．北京：中国财政经济出版社，1999.

[10] 张维迎．产权、激励与公司治理[M]．北京：经济科学出版社，2005.

[11] 朱武祥，蒋殿春，张新．中国公司金融学[M]．上海：上海三联书店，2005.

[12] [美]鲍勃·齐德．风险投资业[M]．潘焕学，译．北京：中国人民大学出版社，2004.

[13] 哈尔·R·范里安．微观经济学：现代观点[M]．第9版．费方域，朱保华，等译．上海：格致出版社，上海三联书店，上海人民出版社，2015.

[14] 成思危．科技风险投资论文集[M]．北京：民主与建设出版社，1997.

[15] 李扬，杨思群．中小企业融资与银行[M]．上海：上海财经大学出版社，2001.

[16] 王立军．民营科技企业的创业与创新[M]．北京：中国经济出版社，2004.

[17] 盛立军，郑海滨，夏样芳．中小民营企业私募融资[M]. 北京：机械工业出版社，2004.
[18] 符戈．中国民营企业融资问题研究[M]. 北京：经济科学出版社，2003.
[19] 钱水土．中国风险投资的发展模式与运行机制研究[M]. 北京：中国社会科学出版社，2002.